"나, 지아친토 살사파릴리아는 1767년 3월 13일 오늘 새롭고 진귀한 식물을 찾으러 '플로라 호'를 타고 리보르노*를 떠나 모험 천만의 세계로 출발한다."

*리보르노 : 이탈리아 토스카나 주에 있는 도시

글쓴이
마르타 반디니 마찬티 모데나 레지오 에밀리아 대학 구조식물학과 조교수로 화분학자이자 고식물학자이며, 20년 넘게 고식물학과 식물의 진화에 대해 가르치고 있습니다.

조반나 보시 모데나 레지오 에밀리아 대학에서 응용식물학을 연구하고 있으며 특히 고식물학과 식물학 교수법 및 과학 박물관학을 연구하고 있습니다.

파올로 세르벤티 모데나, 레지오 에밀리아 대학을 졸업한 후 고생물학자로 활동하고 있으며, 고생물학의 홍보 및 과학 박물관학을 연구하고 있습니다.

그린이
리카르도 메를로 건축가이며 볼로냐 대학 환경교육과 조교수입니다. 선사 시대, 원생 시대에 실존했던 고고학 공원을 설계하여 재건했고, 고대 환경 복원 분야를 연구하고 있습니다.

옮긴이
김현주 한국외국어대학교 이태리어과를 졸업하고, 이탈리아 페루지아 국립대학과 피렌체 국립대학 언어 과정을 마쳤습니다. EBS의 교육방송 일요시네마 및 세계 명화를 번역하고 있으며, 현재 번역 에이전시 엔터스코리아에서 출판기획 및 전문 번역가로 활동하고 있습니다.
옮긴 책으로는《갈릴레오 망원경으로 우주의 문을 열다》《다윈 우리는 어디에서 왔을까?》 등이 있습니다.

감수·자문
장진성 서울대학교를 졸업하고 미국 조지아 대학에서 식물분류학과 집단유전학에 대해 박사 학위를 받았습니다. 서울대학교 산림과학부 교수이며 한반도 식물에 대한 IUCN 멸종위기 적색목록 평가자로 활동하고 있습니다. 수목과 관련된 교육부 도감 및 분류학 전문 분야에서도 다양한 저술들이 있습니다. 식물분류학, 보전생물학, 수목학, 식물지리학을 연구하고 있습니다.

LE ISOLE DEL TEMPO

Copyright © 2016 Editoriale Scienza S. r. l. Firenze. Trieste
Illustrations Copyright © Elizabeth Gatt, 2013
www.editorialescienza.it

Published by arrangement with The Agency Sosa
Korean translation Copyright © 2016 by Daseossure Publishing Co. Ltd.
This Korean Language Edition is published by
arrangement with Editoriale Scienza S. r. l
through The Agency Sosa

이 책의 한국어판 저작권은 에이전시 소사를 통해
Editoriale Scienza S. r. l와의 독점 계약으로 도서출판 다섯수레에 있습니다.
저작권법에 의해 한국 내에서 보호를 받는 저작물이므로 무단 전재와 무단 복제를 금합니다.

시간의 섬
식물의 조상을 찾아서

글 마르타 반디니 마찬티, 조반나 보시 그림 리카르도 메를로 옮김 김현주
고식물학 자문 파올로 세르벤티 감수·자문 장진성

다섯수레

• 차례 •

여는글 : 식물의 조상을 찾아서 6

1부
식물 탐험을 떠나다 9
시간의 섬으로의 여행

2부
고생대·중생대 식물 이야기 33
식물의 조상은 어떤 모양일까?

3부
화석식물로 복원한 식물의 역사 85
식물은 어떻게 진화했을까?

4부
현생의 먼 친척 식물들 91
식물 종은 어떻게 생겨났을까?

5부
지질시대 연대기 107
동물과 식물의 생성과 진화

참고 문헌 110

• 여는 글 •

식물의 조상을 찾아서

누구나 한 번쯤 지구의 초기 모습을 떠올리게 하는 그림을 본 적이 있을 거예요. 과거 지구의 자연환경을 가상으로 복원해 놓은 그림에는 대부분 쇠뜨기나 고사리, 침엽수가 가득하지요. 식물 주위에 거대한 공룡들이 뛰어다니고 있으면 더 완벽하게 과거 지구의 모습을 재현한 것처럼 생각하게 돼요. 그런데 지구 초기의 식물은 단 한 번도 주인공으로 표현된 적이 없는 것 같아요.

그래서 우리는 한 가지 방법을 생각해냈어요. 화가가 상상하는 식물을 그려 보고, 혹시 비슷한 식물이 이미 존재하고 있다면 어디에 있는지 찾아보는 거예요. 만약 이 식물이 실제로 존재한다면 지표면 어딘가에서 식물 탐험가들에게 발견될 거예요. 그러면 몇 년 전 오스트레일리아의 어느 협곡에서 우연히 원시 침엽수인 월레미 삼나무(*Wollemia nobilis*)를 발견했을 때처럼 지구의 역사를 새롭게 해석할 수 있을 거예요.

물론 우리는 원시 식물계에 대해 아는 것이 별로 없어요. 과거의 식물을 복원하는 일은 어렵거든요. 하지만 증거 자료가 부족하기 때문만은 아닌 것 같아요. 우리는 식물보다는 선사시대의 거대한 동물의 특징에 더 관심을 보이기 때문이지요.

최근에는 식물을 박물관에 전시하거나 복원하려고 많은 노력을 기울이고 있고, 식물에 대한 다양한 의견도 많이 내놓고 있어요. 동물 연구가 그랬던 것처럼 말이에요. 동물화석은 전시하기도 쉽고 사람들의 관심을 끌기에도 좋지만, 식물화석은 한눈에 들어오기 쉽지 않아요. 여러 종에 속하는 식물화석들을 한자리에 모아 놓고 식물의 다양성을 나타낸다는 건 여간 어려운 일이 아니거든요.

식물은 동물과 달리 화석이 되거나 보존이 어려워요. 그래서 고식물학자들이 식물화석을 완전하게 복원한다는 것은 불가능해요. 게다가 일반적으로 생각할 수 있는 크기가 아니라면 식물에 대해 꽤 많이 아는 저희 식물학자들조차 짐작만 할 뿐, 드넓은 초원을 채우고 있는 다양한 풀의 종류를 정확하게 판단하기가 상당히 어렵습니다. 그런 풀들을 이해하려면 남다른 상상이 필요해요. 식물은 구조와 생김새가 몹시 다양하기 때문이에요. 공룡은 다른 화석들보다 설명하기 쉬운 편이지요. 공룡과 같은 관점으로는 식물화석을 연구할 수가 없습니다.

분명 이 책의 저자인 마르타 마찬티와 조반나 보시는 식물학 분야에서 쌓아 온 과학적 경험으로, 건축가 리카르도 메를로는 예리하면서도 매력적인 그림을 통해 식물을 조금이라도 더 쉽게 설명하려고 노력했을 겁니다. 그 노력의 결과는 정말 훌륭합니다. 이 책은 식물에 관심 있는 어린이, 청소년에서부터 어른에 이르기까지 누구나 즐겁게 읽을 수 있는 책이 될 거예요.

자연의 역사는 현재를 살피는 것만으로는 알아낼 수가 없습니다. 역사의 산물이 없으면 역사라는 것이 성립될 수도 없어요. 그런데 생물의 진화만큼 역사의 흐름을 잘 설명해 주는 분야도 없을 겁니다. 식물계에도 생물의 진화를 보여 주는 매우 중요한 화석들이 아주 많습니다!

이 책은 이탈리아에서 처음으로 어린이를 위해서 출간된 고식물학 책이에요. 이탈리아 과학 도서 출판사 가운데 가장 유명한 출판사와 모데나 시립도서관이 함께 이 책을 탄생시켰습니다.

이 책은 독서의 즐거움을 한층 높일 수 있는 내용으로 가득 차 있습니다.

프란체스코 마리아 라이몬도
(이탈리아 식물학협회 회장)

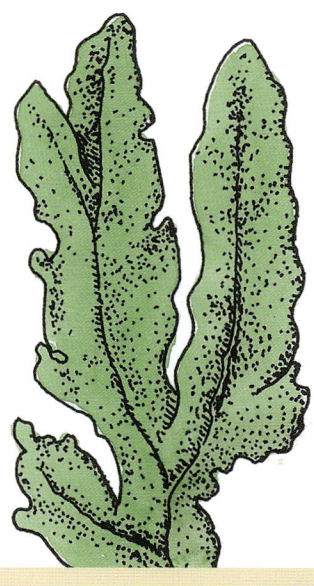

1부

식물 탐험을 떠나다

시간의 섬으로의 여행

얼마 전 카스텔피오렌티노(이탈리아 토스카나 주에 위치한 자치 도시-역주)의 고서 보관소에서 오래된 일기장 하나가 발견됐어요. 그 일기장에는 '공룡 식물'처럼 보이는 식물이 가득한 머나먼 섬들을 여행하면서 기록한 일기와 다양한 그림들이 끼워져 있었어요.

일기에 소개된 섬들은 그곳만의 개성이 뚜렷했고 지질시대의 풍경과 완벽하게 일치했어요. 이 일기는 인류가 지구에 나타나기 이전의 시대를 기록한 책 같았어요. 그림 옆에는 짧은 글이 쓰여 있어 신기한 그림들을 이해하는 데 도움을 주었어요.

18세기 중반 무렵, 식물학 분야에서 저명한 볼로냐 대학의 지아친토 살사파릴리아 교수는 토스카나 지방의 어느 공작의 명령을 받았어요. 공작은 탐험대를 이끌고 바다를 건너가 외국 식물을 찾아오라는 것이었지요. 피렌체의 보볼리 정원을 사람들에게 처음으로 공개하는 날 희귀한 식물들도 함께 선보이려는 것이었어요.

"나, 지아친토 살사파릴리아는 1767년 3월 13일, 오늘 새롭고 진귀한 식물을 찾으러 '플로라 호'를 타고 리보르노를 떠나 모험 천만의 세계로 출발한다."

살사파릴리아 교수는 탐험 중에 특별한 것을 발견하면 모두 일기장에 적어두기로 했습니다.

플로라 호는 바다 위를 떠돌며 수없이 많은 날을 보냈습니다. 어느 날, 플로라 호는 사라센 제국 해적들의 습격과 동시에 무시무시하고 거대한 오징어의 공격을 받았어요.

"어두운 바닷속에서 나온 끔찍하고 거대한 생물이 남자를 울릴 수 있구나."

살사파릴리아 교수는 오징어의 공격을 피하기 위해 안개 봉우리 쪽으로 가자고 했어요. 안개가 너무 짙어서 모든 선원이 시간 개념을 잃어버릴 만한 곳이었지요.

'이 검은 안개 속에서 며칠이나 헤맸는지 아무도 알지 못했다. 심지어 낮인지, 밤인지 구분도 되지 않았다. 마치 꿈속에서 사는 것 같았다.'

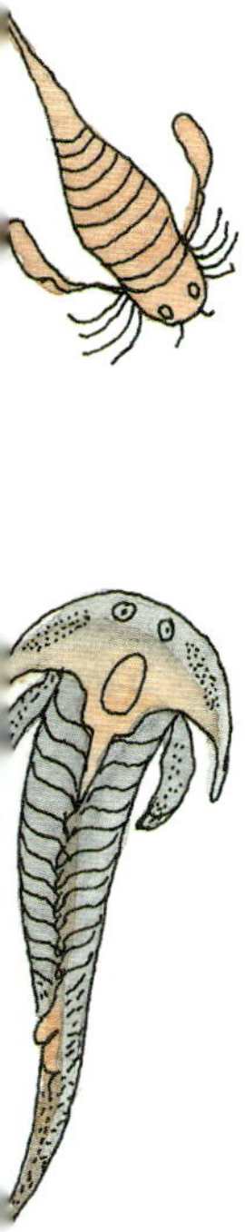

안개 속으로 빨려 들어갔던 플로라 호는 다시 모습을 드러냈어요.

물살이 잔잔하고 평온했지만 물속에는 선원들이 이제껏 단 한 번도 보지 못한 생물들로 가득했습니다.

'우리 발 밑에는 상어와 기이한 모양의 거대한 물고기들이 돌아다녔다. 바다에는 생명력이 넘쳤다.'

그런데 갑자기 수평선에 지도에도 없는 군도가 나타났어요. 하룻밤을 꼬박 새운 뒤였지만 살사파릴리아 교수는 작은 배를 타고 가장 가까운 섬으로 가서 희귀한 식물이 있는지 찾아보기로 했어요. 선실에서 심부름하는 청년 피노와 선장의 딸 비올라가 살사파릴리아 교수의 작업을 돕기로 했습니다.

'청년은 바싹 말랐지만 민첩하고, 어린 비올라는 영리하고 눈치도 빠르다. 이 낯설고 신비한 곳에서 함께 모험을 하기에 더없이 좋은 동료들이다.'

배를 세우고 섬에 내리자 살사파릴리아 교수와 두 조수는 놀라움을 감출 수 없었어요. 이제까지 한 번도 본 적이 없는 경이로운 풍경이 펼쳐졌거든요.

'땅을 비집고 올라온 작은 풀은 부드럽지는 않지만 그 곁에는 뱀처럼 구불구불하게 자란 식물들이 무성했다. 고개를 오른쪽으로 돌리든 왼쪽으로 돌리든 툭툭 불거진 식물의 돌기들이 보였다.'

살사파릴리아 교수는 나무나 숲, 정글은 보이지 않는다고 일기장에 적었어요. 그래도 걷다 보면 채집할 식물과 동물은 무척 많아서 피노와 비올라에게 눈에 띄는 생명체들을 수집하라고 시켰어요.

'비올라는 아주 작은 생명체와 마주칠 때마다 신경질적으로 비명을 질렀다. 자기 목청은 물론 우리 귀까지 찢어질 정도였다.'

옆의 섬으로 옮겨가자 드디어 나무를 볼 수 있었어요. 그런데 진짜 나무가 맞는지 의심이 생길 정도로 이상했습니다.

'기이한 식물이 있는 곳에서 백 걸음 정도 떨어진 곳에는 거미와 전갈 그리고 첫 번째 섬에서 봤던 것보다 훨씬 크고 마치 이 세상의 주인인 듯한 동물들이 있었다.'

아케오프테리스

틱타알릭
익티오스테가
유스테노프테론
디프테루스
홀로프티키우스
아칸토스테가
프테리크티오데스
레이코레피스
보트리오레피스

시간이 어떻게 흘러가는지도 모른 채 플로라 호는 항해를 계속했어요.

'우리는 서로에게 오늘이 무슨 요일인지 물었다. 누구는 월요일, 누구는 목요일이라고 대답했다. 다들 무슨 요일인지 정확히 모르면서 옥신각신 말다툼을 했다.'

시간이 흐르는 것과 상관없이 플로라 호는 다른 섬들이 있는 곳으로 향했어요. 가면 갈수록 점점 더 기이한 섬들이 나타났어요. 살사파릴리아 교수와 조수들은 작은 배에 옮겨 타고 새로운 섬을 탐험하러 출발했어요. 섬까지는 아직 멀지만 확 트여 보이는 숲에 듬성듬성 서 있는 나무들이 키가 무척 큰 것을 알 수 있었어요.

'이쪽 바다 역시 물고기를 비롯해 수많은 생물이 가득했다. 어떤 것은 크고 어떤 것은 작고, 어떤 것은 길고 어떤 것은 짧고, 어떤 것은 통통하고 어떤 것은 날씬하고······.'

육지에는 벌레들이 구름 떼처럼 날아다니고 있었어요.

'이렇게 새만큼 큰 잠자리는 이제껏 본 적이 없다! 잠자리들이 내는 소리가 어찌나 큰지 우리끼리 대화가 어려울 정도였다. 수많은 동물이 물에서 들락날락하고 있었다. 두꺼비와 개구리는 우리가 아는 생김새와 비슷하기는 한데 이 섬에 사는 것들은 덩치가 훨씬 크고, 어떤 것들은 뱀처럼 징그럽기도 하다. 이 동물은 무엇을 먹고 사는 걸까?'

웨스트보티아

오피데르페톤

아칸토데스

크라시기리누스

아델로스폰디루스

이번에 들어간 섬은 무척 덥고 습해서 배에서 거의 내리지 않고 관찰했어요.

'아주 습한 습지라서 물이 많고 거대한 나무들은 긴 장대 꼭대기에 가발을 씌워 놓은 모습을 하고 있다.'

살사파릴리아 교수와 피노, 비올라는 계속 식물과 동물 표본을 수집하면서 평범하지 않은 것이 눈에 보일 때마다 유심히 관찰했어요.

'날아다니는 벌레의 수가 점점 더 많아지고 거센 날갯짓으로 방해해서 너무 힘들었다. 바닥에는 양서류 모양의 코끼리 발바닥만 한 발자국이 찍혀 있었다. 우리는 팔다리가 후들거릴 정도로 무서웠다.'

탐험은 하루하루가 지날수록 점점 더 흥미진진해졌어요. 세 사람은 매일 밤 잠자리에 들 때마다 빨리 아침이 되어 새롭고 놀라운 것들을 발견할 수 있기를 기도했어요.

'간이침대에 누워 이 섬에서 본 모든 경이로운 것들을 떠올리며 내일은 어떤 것을 보게 될지 상상한다. 그리고 나에게 몸조심하라고, 장이 약하니 배가 차가워지지 않게 든든하게 입고 다니라고 말씀하시던 부모님을 뵙는 기분 좋은 꿈을 꾼다.'

코르다이테스

달콤한 꿈을 꾸며 휴식을 취하고 난 다음 날 아침, 세 사람은 다시 작은 배를 타고 아직 가 보지 않은 섬들을 향해 출발했어요. 배 밑으로는 언제나 새로운 생명체들로 가득했어요.

'물속에는 머리에 가시로 가득한 혹이 달린 동물이 보였다. 그 동물이 우리 배의 밑바닥에 부딪힐까 봐 걱정스러웠다.'

새로운 섬에 도착할 때마다 새로운 풍경이 펼쳐졌어요.

'우리가 아는 고사리와 비슷한 잎이 달린 나무와 트램펄린처럼 생긴 식물들이 가득했다.'

세 탐험가의 머리 위에는 거대한 잠자리들이 계속 맴돌았어요. 바닥에도 푸른 풀잎들 사이로 뭔가 숨어 있는 것이 보였어요.

'거대한 달팽이를 비롯해 어떤 것은 머리에 벼슬까지 달린 신기한 동물들이 있다. 어떤 것들은 풀을 먹고, 어떤 것들은 자기와 비슷한 동물을 먹는다! 끔찍하지만 눈을 뗄 수 없을 정도로 호기심이 발동하는 광경이었다.'

살사파릴리아 교수와 두 조수는 들판을 탐험하면서 발견한 모든 것을 일기장에 기록하려 애썼어요. 금세 끝날 일은 아니었어요.

'가끔 내가 그림을 그리려고 하면 등 뒤에서 무슨 소리가 들리는 듯했다. 지금까지 이곳에서 발견한 모든 신기한 생명체들을 다시 떠올리다 보면 손이 떨리고 식은땀까지 흐른다.'

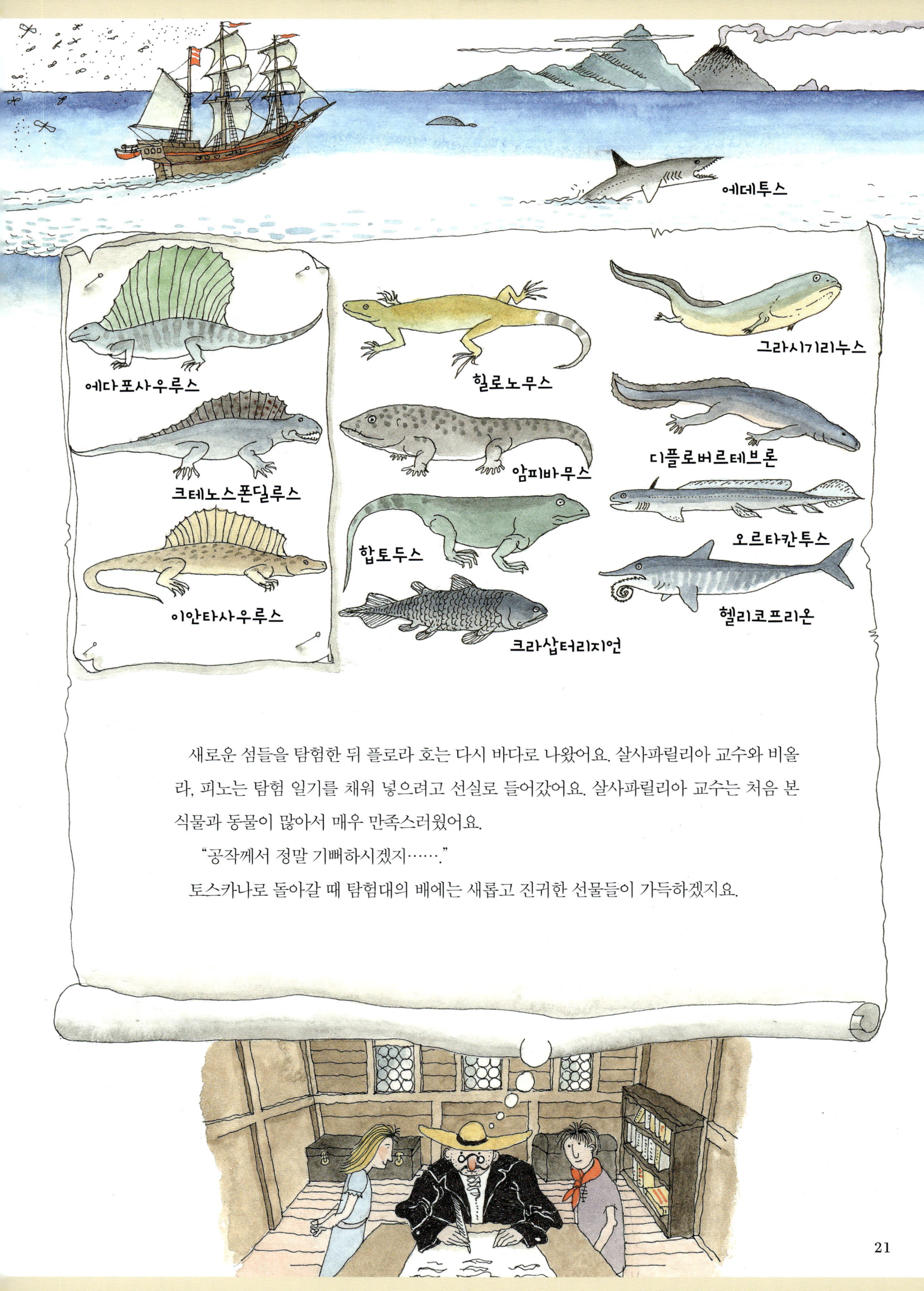

새로운 섬들을 탐험한 뒤 플로라 호는 다시 바다로 나왔어요. 살사파릴리아 교수와 비올라, 피노는 탐험 일기를 채워 넣으려고 선실로 들어갔어요. 살사파릴리아 교수는 처음 본 식물과 동물이 많아서 매우 만족스러웠어요.

"공작께서 정말 기뻐하시겠지……."

토스카나로 돌아갈 때 탐험대의 배에는 새롭고 진귀한 선물들이 가득하겠지요.

항해는 무척 순조로웠습니다. 바다는 마치 기름을 바른 것처럼 매끈하지만, 여러 가지 모양의 수많은 동물들이 가득했어요.

'신의 축복이 가득한 바다를 바라보며 그물을 한 번만 던져도 커다란 생선 튀김거리를 낚을 수 있을 거라는 상상을 했다.'

플로라 호에서 생활하면서 살사파릴리아 교수는 거의 바다 사나이가 다 돼 있었어요.

'파다노 평원에서 살아온 나는 말수는 적지만 아는 것은 너무 많은 바람과 물고기들과 대화를 한다. 실제로 형제가 없는 나는 플로라 호의 선원들이 거의 내 형제나 같다고 말할 수 있다. 우리는 해질 무렵에 술잔을 손에 들고 이제까지 살면서 잃어버린 사랑에 대해 이야기하며 평온한 시간을 보내곤 한다. 그러다가 가끔 눈물을 떨어뜨리기도 한다.'

쇼니사우루스
이크티오사우루스
플리오사우루스
악어
로말레오사우루스
플레시오사우루스
아텐보로사우루스
암모나이트
렙톨레피스
리드시크티스
에다포돈

하지만 또 다른 모험이 살사파릴리아 교수와 선원들을 기다리고 있었습니다.
이번에 도착한 섬의 하늘에는 몹시 위협적인 거대한 생명체들이 날아다니고 있었어요.
　'저 생명체에 비하니 전에 본 거대한 잠자리들은 작은 파리 같다.'
섬에 발을 딛자마자 살사파릴리아 교수와 조수들은 심상치 않은 느낌을 받았어요.
　'이 섬에서 제일 중요한 동물들은 용과 비교할 수 있다. 우리가 사는 세상에는 존재
　하지 않는 동물이다. 몸집은 거대하지만 온순하고 풀을 먹는 동물이 있는가 하면,
　어떤 것들은 상냥한 구석은 전혀 없고 날카로운 송곳니를 번쩍이고 있다.' 
이번 섬에는 전에 갔던 섬들보다 숲에 나무들이 빽빽하게 서 있었다.
　'나무들이 무척 다양하다. 어떤 나무는 손바닥처럼 생겼고, 어떤 나무는 잎이
　이상하게 나뉘어 있다. 뾰족한 바늘 같은 잎을 가진 나무도 있다.'

크리올로포사우루스

프테로사우루스

바라파사우루스

불카노돈

스켈리도사우루스

딜로포사우루스

꽤 오랜 시간 항해를 했는데도 새로운 섬이 나타나지 않았어요. 살사파릴리아 교수는 피노에게 수평선에 육지가 보이는지 계속 관찰하라고 했어요. 바다 위를 며칠째 떠돌았을까? 피노가 큰 소리로 모두를 불렀어요.

"섬이 나타났어요! 그런데 작아요. 작은 섬이에요!"

살사파릴리아 교수는 들뜬 마음으로 피노, 비올라와 함께 작은 배에 올랐고 순식간에 섬에 도착했어요. 둥근 모양의 작은 섬은 황폐했어요.

'섬이 흔들릴 정도로 작아서 춤을 추는 발레리노 같은 섬이라는 생각이 들었다.'

볼 것도 별로 많지 않은 것 같았지만, 그래도 처음 와 본 곳이니까 탐험대의 흔적을 남기기로 했어요.

'배를 끌고 온 선원은 독거미에 물린 것처럼 현란하게 움직이기 시작한다. 뇌가 이상해진 것처럼 소리를 지르고 두 손을 치켜들었다.'

잠시 후 세 사람은 섬이 왜 그렇게 흔들리는지 깨달았어요.

'그것은 섬이 아니었다! 우리 발밑에 있는 것은 거대한 거북이었다. 우리는 덩치 큰 개의 등에 붙은 벼룩처럼 거북의 등에 타고 이동하고 있었다! 무섭기도 하지만 나중에 이야깃거리가 될 정도로 재미있는 순간이었다!'

마크로포마

모사사우루스

아르케론

피크노두스

틸로사우루스

상어

암모나이트

얼마 뒤 플로라 호는 근처에 있는 진짜 섬을 발견했어요. 살사파릴리아 교수는 서둘러 작은 배를 띄웠어요.

새로운 섬에는 무척 많은 식물들이 무성하게 자라고 있었어요.

'우리의 숲과 거의 흡사했다.'

하지만 비올라는 이제까지 본 식물들과 뭔가 다른 점이 있다는 것을 금방 알아챘어요.

'이곳에는 꽃이 있다! 아주 큼지막한 꽃이다! 꽃 곁에는 나비도 있다! 이렇게 아름다운 모습은 처음 본다! 이곳은 조용하고 평화로운 정원 같다.'

피노와 살사파릴리아 교수는 바닥에 찍힌 커다란 발자국에 관심을 보였어요. 살사파릴리아 교수는 그 발자국을 그리려고 했어요.

'키가 사람만 하고 번개처럼 빠른 도마뱀이 풀숲에서 불쑥 나오는 바람에 우리는 큰 소리로 비명을 지르며 정신없이 도망쳐야 했다.'

작은 배를 타고 살사파릴리아 교수와 두 조수는 무사히 플로라 호로 돌아와 섬에서 발견한 것들을 탐험 일기에 기록할 수 있었어요. 하지만 이 섬에서의 기록과 그림이 거의 마지막이 될 줄은 전혀 상상도 하지 못했습니다.

29

어느 날 밤, 플로라 호에 탄 사람들은 예고 없이 찾아온 무시무시한 폭풍에 크게 당황했어요. 살사파릴리아 교수가 일기에 남긴 마지막 문장을 통해 당시의 상황을 알 수 있어요.

'나, 지아친토 살사파릴리아는 지금이 몇 년도, 몇 일인지 정확히 모르지만 나와 내 동료들 그리고 우리 배에 실린 보물 같은 식물과 동물들을 두려움에 떨게 하는 분노한 바다에 운명을 맡기고 있다. 나와 피노, 비올라는 이 기록을 방수 궤짝에 넣어두기로 했다. 누가 이 일기를 찾게 될지 모르지만, 우리가 탐험한 미지의 섬에서 보고 경험한 놀라운 것들을 세상에 보여 주기 바란다. 마지막으로 내 사랑하는 고양이 아르테미시아에게 작별 인사를 전해 주기를!'

그때부터 플로라 호에 대한 소식을 아는 사람은 아무도 없었어요. 배는 흔적도 없이 사라졌어요. 이 탐험 일기와 그림이 든 궤짝은 제임스 쿡이라는 선장이 두 번째 탐험을 떠났다가 돌아오는 길에 바다에서 건졌다고 해요. 하지만 직접 손으로 기록한 이 탐험 일기가 어떻게 카스텔피오렌티노까지 오게 되었는지는 알려지지 않았어요. 분명한 것은 이 탐험 일기가 살사파릴리아 교수와 두 조수가 '시간의 섬'이라고 이름 붙인 그 경이로운 섬들을 모험했다는 사실을 보여 주고 있다는 거예요.

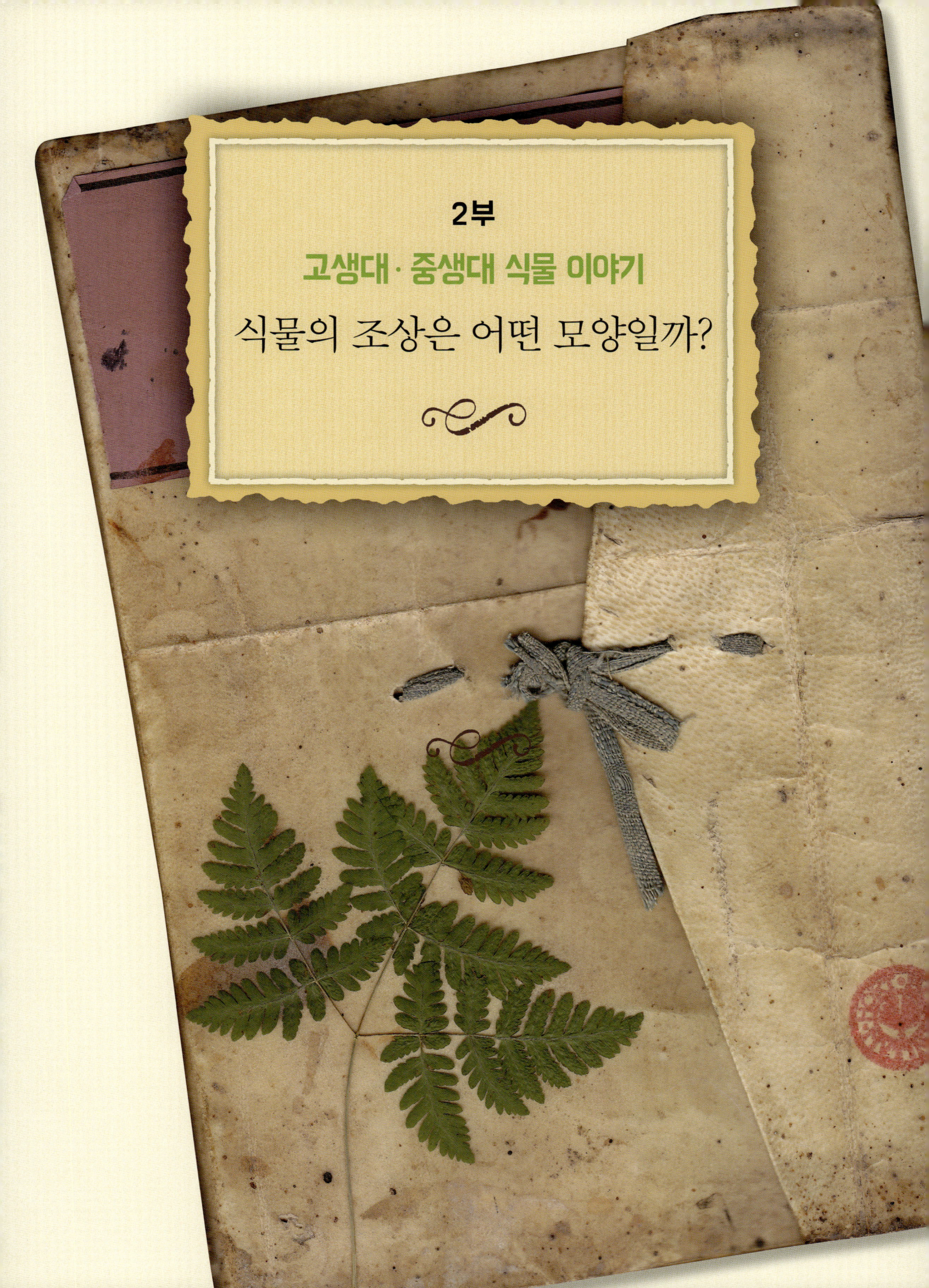

2부
고생대·중생대 식물 이야기
식물의 조상은 어떤 모양일까?

지구에서 살기 위한 경험들
그림 35쪽

　우리는 지금 실제 이 세상에 살아 있었던 식물에 대해 이야기하려고 해요. 아주 먼 오래전 시대, 인류가 출현하기도 전인 아주 오래전 식물 이야기이지요.
　지혜로운 생물인 식물은 강한 햇빛을 피해 자신들이 탄생한 요람처럼 안전하던 물속 세상을 천천히 벗어났어요.
　육지는 살 만한 곳이 무척 많지만, 매우 위험하기도 해요. 육지를 정복하려는 기이한 생물들이 많으니까요. 하지만 육지에 있는 것들은 모두 쓸모가 있었어요. 심지어 수명이 아주 짧은 것들도 어딘가에는 꼭 필요했어요(잠깐! 조금 이상하게 들리겠지만 고식물학자의 '짧다'는 시간 개념은 수백만 년의 세월을 가리킬 때도 있어요).
　그림 1, 2, 3의 외계인처럼 보이는 생물들은 태양에너지와 물, 이산화탄소를 이용해 식물만이 할 수 있는 광합성 과정을 거쳐 성장했어요. 이 생물들은 살아남기 위해 태양과 비, 바람으로부터 스스로를 보호하는 법을 터득하고 '표피'를 만들었어요. 표피란 얇지만 내구성이 있고, 방수도 되고 강한 햇빛도 차단할 수 있는 보호막입니다. 이게 얼마나 훌륭한 발명품이었는지 이 땅 위에서 표피를 선택하지 않은 식물은 단 하나도 없다고 해요.
　지금은 이 식물들의 후손은 남아 있지 않아요. 다만 이 식물들보다 단순하고 소박하게 생긴 우산이끼문을 어렴풋이 떠올리게 하는 식물들이 있지요(그림 4). 처음으로 육상 생활에 적응한 이 식물들은 습하고 그늘진 환경을 좋아하고 얇은 초록색 몸체가 땅 위에 넓게 펼쳐져 있어요. 이 몸체는 표피로 보호되어 있고 미세한 구멍들이 뚫려 있어 광합성에 필요한 가스를 쉽게 교환할 수 있어요. 긴 줄기가 받치고 있는 작은 우산의 형태는 생식 기관을 보호하기 위한 일반적인 모양입니다.

아주 수수께끼 같은 생물

그림 37쪽

프로토텍시티스(*Prototaxites*, 그림 1)는 무엇이었을까요? 1800년대 중반, 땅속 깊은 곳에서 올라온 이 식물화석을 보고 고식물학자들이 얼마나 놀랐을지 상상해 보세요. 지구에 서식하는 식물이라고 해 봐야 몇 10센티미터 정도밖에 자라지 않는 작은 식물들이 전부였던 아주 오래전 시대의 식물이라고 믿기 어려울 정도로 길이 8미터에 지름도 1미터가 넘었으니 말이에요.

텔레비전에서 고고학자들이 폼페이에서 고대 로마 유적을 발견했다는 뉴스를 들었을 때 어땠을까요? 아마 프로토텍시티스를 발견했을 때도 그 정도로 놀랍고 신기했을 거예요! 당시의 과학자들은 아주 정밀한 연구 장비를 사용할 수 없어서 직접 땅을 파고 들어가 관찰했고, '줄기' 부분에 침엽수와 가까운 '주목속(*Taxus*)'이라는 이름을 붙였어요. 주목속에는 아주 덩치가 큰 나무도 속할 수 있습니다. 하지만 그것은 줄기가 아니었어요. 프로토텍시티스는 거대한 해초라는 뜻을 갖고 있었어요. 당시 거대한 크기의 해초는 바다에 살면서 '줄기' 부분은 주로 육지의 지층으로 올라와 있었어요.

시간이 어느 정도 흐른 뒤에는 우리 주변의 숲에서 볼 수 있는 줄기와 모자가 달린 일반적인 버섯의 친척쯤 되거나 해초와 버섯이 혼합되어 만들어진 거대한 버섯일 거라고 추측했어요. 최근에 나온 가설은 그림에서 볼 수 있는 것처럼 매우 호기심이 생깁니다. 혹시 잎이 작고 갈라진 우산이끼(35쪽 그림 4)를 아세요? 그 우산이끼와 비슷한 섬세한 식물이 초록색 양탄자처럼 고대 호수와 습지 주변의 경사지를 뒤덮고 있는 풍경을 상상해 보세요. 비와 바람, 식물 자체의 중력 덕분에 이 양탄자 같은 식물은 스스로의 잎을 돌돌 말아 물속으로 미끄러져 들어갔고, 그렇게 나무의 '줄기' 모양으로 화석이 된 거예요.

이 멋진 초록 양탄자를 요즘 우리가 공원이나 축구장, 혹은 골프장 같은 곳에 깔아 놓은 '잔디'와 같다고 생각하면 안 돼요. 그때는 우리가 아는 '풀'이라는 것이 없었어요. 풀은 대부분 잡초로 구성되는데, 잡초는 프로토텍시티스의 마지막 화석이 만들어지고 난 후, 3억 년이나 지난 백악기(중생대)에 지구에 출현한 꽃식물입니다.

아주 수수께끼 같은 생물

식물에 잎이 없었을 때

그림 39쪽

초창기 식물들은 불필요한 것들은 전혀 갖고 있지 않았어요. 거의 뼈대만 있었어요. 그래서 몸체를 똑바로 세우고 바람과 비, 햇볕의 공격에 버티며 광합성을 하고, 후손을 많이 만들기가 쉬웠어요. 그러니까 모든 풀이, 아주 작은 풀도 줄기가 가늘었어요. 이 가는 줄기의 일부는 바닥에 깔려 있고, 일부는 곧게 뻗어서 되도록 가장 간단한 형태인 Y자 모양으로 갈라졌어요.

줄기는 빈약해 보였지만(그림 3b) 겉부분은 표피로 덮여 있고, 안쪽에는 세포들이 여러 겹으로 뭉쳐 단단한 파이프 형태를 하고 있어서 똑바로 서 있을 수 있지요(철근 콘크리트를 보강해 주는 강철 심지와 같은 역할을 하는 거예요). 이 줄기는 땅속에서 흡수한 물을 식물 구석구석에 골고루 분배합니다.

과거의 식물들은 줄기에 기공(공기구멍, 그림 3c)이 있었어요. 공기구멍은 광합성과 수분을 발산하는 데 아주 중요한 역할을 하는 미세한 구멍을 말해요. 오늘날 식물들의 잎에 있는 기공의 수보다는 훨씬 적었지만 당시의 작고 단순한 형태의 식물이 생존하도록 역할을 잘해주었습니다.

줄기는 포자낭(그림 2a, 3a, 5a)을 돕는 역할도 했어요. 작지만 다양한 모양(달걀형, 럭비공형, 원형, 머리 부분이 핀 모양인 형태 등)의 포자낭에는 미세한 크기의 포자들이 수없이 들어 있어요. 이 포자들이 바람에 실려 흩어져 땅에 떨어지면 '발아'를 해서 새로운 생명의 순환이 시작돼요. 요즘의 양치식물이 이런 방식으로 번식해요.

왜 잎이나 뿌리에 대한 이야기는 하지 않느냐고요? 왜냐하면 처음으로, 어쩌면 너무 빨리 생성된 것이 줄기이기 때문이에요. 줄기 다음의 조직이 탄생하기까지는 굉장히 오랜 세월이 걸렸습니다.

식물에 잎이 없을 때

고생대의 생명 다양성

그림 41쪽

 초창기 식물은 단순하지만 생김새는 저마다 달랐어요. 식물은 할 수 있는 일이 별로 없었지만, 다른 생명체와 '다르게' 살기 위해 수많은 시행착오를 겪었습니다.

 똑바로 서 있던 줄기도 부드럽게 구부러지거나(그림 4, 7) 벽을 타고 기어 올라가는 과정을 거치면서(그림 8) 가지들이 서로 얽혀 자라(그림 10, 11) 리본 모양(그림 7)이 될 수 있었어요.

 리본의 두께가 얇을 수도, 조금 두꺼울 수도 있어요. 잎(그림 9)은 어쩌면 아직 잎맥도 생기지 않은 상태에서 변화를 시도합니다.

 그렇다면 포자는 어떻게 형성되는 걸까요? 일반적으로 줄기의 윗부분은 동물로부터 포자를 보호하고 바람을 타고 잘 흩어지게 하는 역할을 해요. 하지만 다발 모양 속의 포자(그림 10, 11)나 이삭 모양 속의 포자(그림 6), 따로 떨어져 있는 포자(그림 1), 혹은 작은 무리를 이루거나(그림 2) 줄기 표면에 그냥 올려 있기만 한 포자(달라붙어 있는 것이 아님, 그림 9) 가운데 일부 포자만 선택돼 살아남을 수도 있어요.

 어떤 식물이 가장 독특하냐고요? 당연히 세루라카울리스(*Serrulacaulis*, 그림 7)예요. 이 식물은 납작한 줄기 가장자리에 톱니 모양의 돌기가 돋아 있어서 '톱줄기 식물'이라고 불러요. 세루라(serrula)는 라틴어로 '작은 톱'을 뜻합니다.

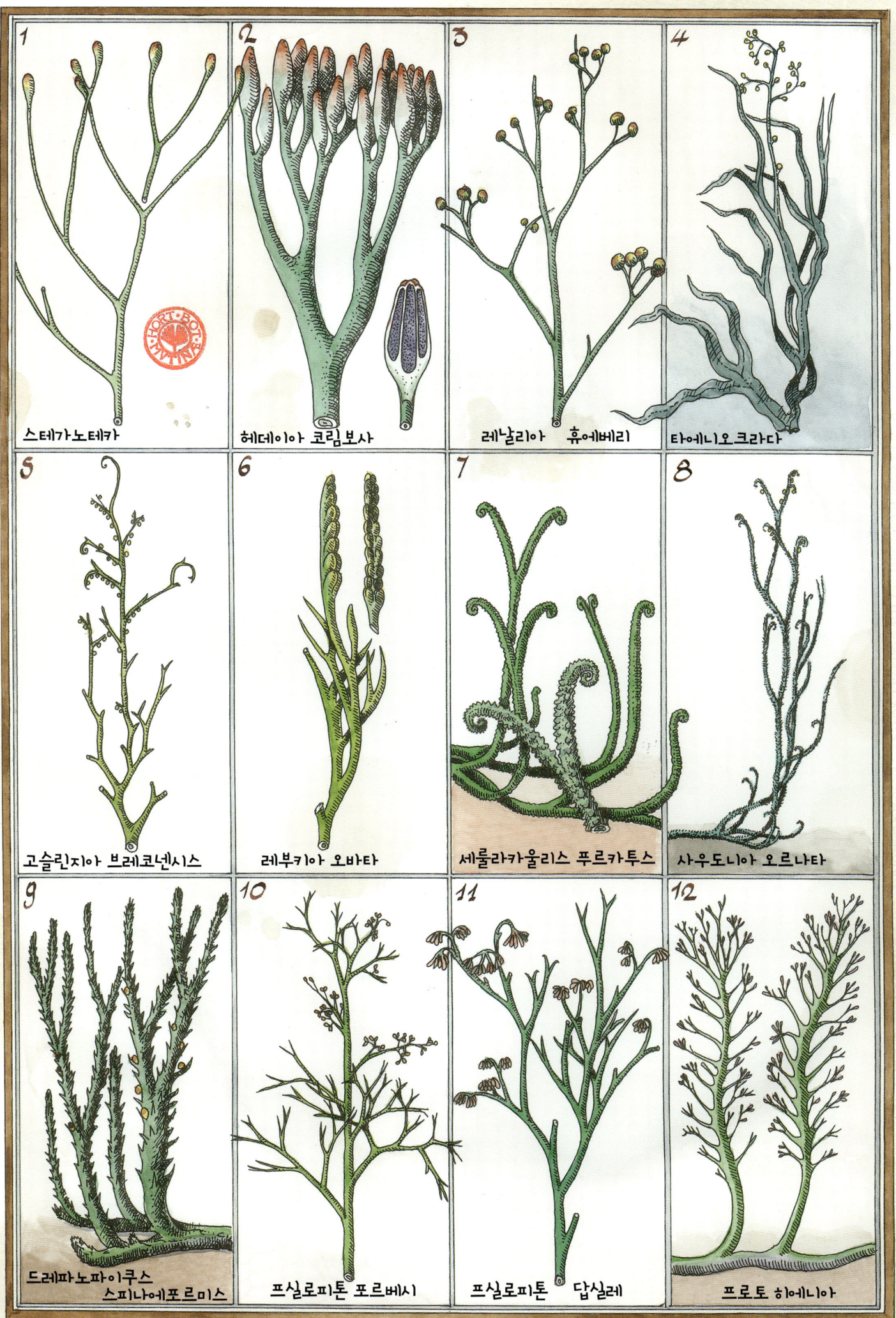

고생대의 생명 다양성

식물의 성장
그림 43쪽

　페르티카(*Pertica*), 왠지 사랑스러운 이름은 아닌 것 같네요. 페르티카는 같은 종류의 다른 식물들보다 아주 길게, 최대 50~60센티미터까지 자라는 식물이에요. 페르티카 콰드리파리아(*Pertica quadrifaria*, 그림 1)는 1미터 이상 자라거나 3미터까지 자라는 종류도 있어요! 풀인 건 분명하지만 보통 풀은 아니에요. 일직선으로 곧게 서 있을 수 있고, 큰 키에도 불구하고 바람이 불면 유연하게 구부러지는 튼튼한 풀이에요. 가지도 무척 많이 뻗는데, 모든 가지가 각각 갈라지면서 점점 더 가늘어져요(그림 1a). 이 가지들은 아직 잎이 되지는 않았지만 기공이 들어갈 정도의 공간은 갖고 있습니다.

　페르티카의 윗부분에 신기한 방울이 있는데 이것이 포자낭이에요. 아주 빽빽하게 다발(그림 1b)을 이루기 때문에 많은 포자를 생산해 수많은 후손을 남길 수 있어요.

식물의 성장

최초의 작은 잎

그림 45쪽

'잎'다운 잎이라고 부를 수 있으려면 무엇이 있어야 할까요? 적어도 물과 무기물 그리고 잎맥이 있어야 해요. '잎맥'이란 식물이 생명을 유지하는 데 꼭 필요한 광합성 산물을 전달하는 세포로 이루어져 있어요. 잎맥은 줄기와 가지로 수분과 양분이 이동되는 과정을 도와줘요. 이 과정은 도시에서 각 가정에 물을 공급하는 상수도 망과 비슷하게 이루어집니다.

별다람쥐꼬리 아스테록실론(*Asteroxylon*, 그림 1)을 한 번 볼까요? 키가 1미터까지 자라는 이 식물은 다른 식물들과 달리 얇은 '잎'으로 뒤덮여 있어요. 이 식물의 단면(그림 1a)을 보면 줄기 한가운데 검은 물관부가 있는데, 이 관이 수분 전달에서 핵심적인 역할을 합니다. 이 물관부에서 얇은 지류가 뻗어나가 재생산을 위한 생식구조, 즉 포자낭을 관리하는 자루 전체로 연결돼요.

이 물관부에서는 '잎' 쪽으로 뻗어나가는 지류들도 나오는데 이 지류들이 잎 속으로 들어가지 못하고 끊겨 버려요. 그래서 잎에 잎맥이 없는 모양만 잎이랍니다!

반면 레클레르퀴아(*Leclercquia*, 그림 4)는 다섯 부분으로 나뉘어 있으면서도 전체적으로 잎맥이 연결되어 있는 상당히 이상한 구조이지만, 확실한 잎이에요. 이 잎을 그리려면 잎 속에 들어 있는 잎맥의 흔적을 따라가 봐야 해요. 이제까지 수많은 화가가 이 잎을 그려본 결과 아주 효율성이 높은 진정한 잎이었습니다!

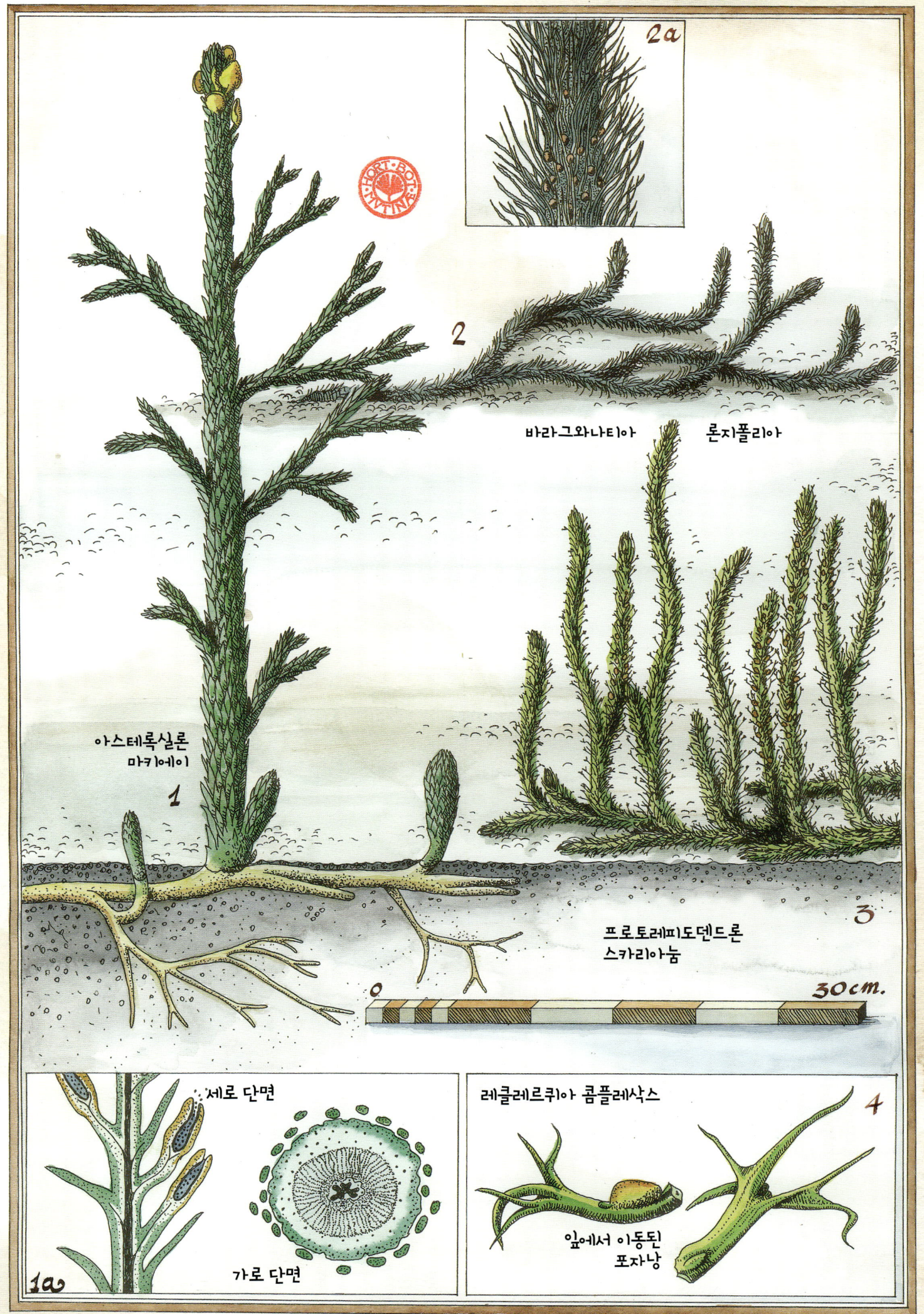

최초의 작은 잎

습지의 거구들

그림 47쪽

수목다람쥐꼬리 레피도덴드랄레스(*Lepidodendrales*, 그림 1)는 높이가 40미터, 몸통의 지름도 2미터가 넘어요. 다람쥐꼬리 모양의 좁고 딱딱한 잎에는 입맥이 딱 하나만 들어 있고(그림 1a), 길게 뻗은 큰 뿌리에는 수많은 잔뿌리들이 나 있어 나무의 몸통이 안정적으로 붙어 있을 수 있었어요. 이 식물은 석탄기(3억 5900만 년에서 2억 9900만 년까지의 지질시대)해안 습지에 광활한 숲을 지은 위대한 건축가였어요. 이 숲이 나중에 석탄 침전물의 주요 성분이 됩니다.

이 식물은 매우 독특한 방법으로 성장해요. 생장하는 동안 수관(樹冠-나무의 가지와 잎이 달린 부분-역주)이 거의 없어 수풀이 달린 장대 같은 모양을 하고 있어요(그림 1b). 그러니 그늘을 만들지도 못하고 나무의 수가 많아도 울창하지는 않아요. 이 식물의 성장 목표는 무조건 하늘을 찌를 듯 높이 자라서 아주 생명력 강한 세포들을 넘치도록 축적하는 일입니다. 세포의 양이 충분해진 뒤 그 세포들을 모두 사용해서 서둘러 거대한 수관을 만들어요. 그리고 이 수관에서 나온 가지들에서 포자체가 맺히기 시작합니다(그림 1c). 이때부터 수목다람쥐꼬리는 성장을 하지 못하고 이미 저승길로 접어든 박제 나무 신세가 됩니다.

이런 나무에 비하면 요즘 나무들은 무척 영리해요. 줄기 꼭대기에 있는 몸의 아주 일부분만 사용해서 성장하니까요. 처음에는 꼭대기를 구성하는 세포의 수가 매우 조금이지만, 이 세포들은 식물이 다양한 기능을 하는 데 필요한 모든 세포의 기원이 됩니다. 그렇게 해서 나무들이 매년 조금씩 성장하면서 새로운 가지와 새로운 잎을 생산해요. 고대의 전설을 보면 나무가 영원히 죽지 않는 생명체라고 여겼는데, 논리적으로 따져 봐도 병에 걸리지 않는 한 정말 그럴 수 있을 것 같아요.

습지의 거구들

작은 가지, 긴 잎
그림 49쪽

또 다른 수목다람쥐꼬리인 시길라리아(봉인목, *Sigillaria*, 그림 1)는 높이가 20미터 정도 되고, 수관은 거의 포기했지만, 잎은 아주 자랑스럽게 하늘을 향해 뻗어 나갔어요. 잎이 정말 멋있게 생겼지요. 아주 가늘지만 단단하고 점성까지 있는 잎들은 1미터까지 자랍니다. 1미터나 되지만 식물학자들은 작은 잎이라는 뜻의 '마이크로필라(microphylla)'라고 불러요.

벌집형 수목 시길라리아(Sigillaria)는 라틴어의 봉인(도장)이라는 뜻에서 왔어요. 줄기 부분을 덮고 있는 작은 육각형 틀(그림 1a)을 보고 그렇게 이름을 지은 거예요. 그건 그냥 줄기에 있던 쿠션의 흔적일 뿐인데, 아마 어느 상상력 풍부한 식물학자에게는 고대의 봉인 고리의 흔적을 떠올리게 했던 모양이에요.

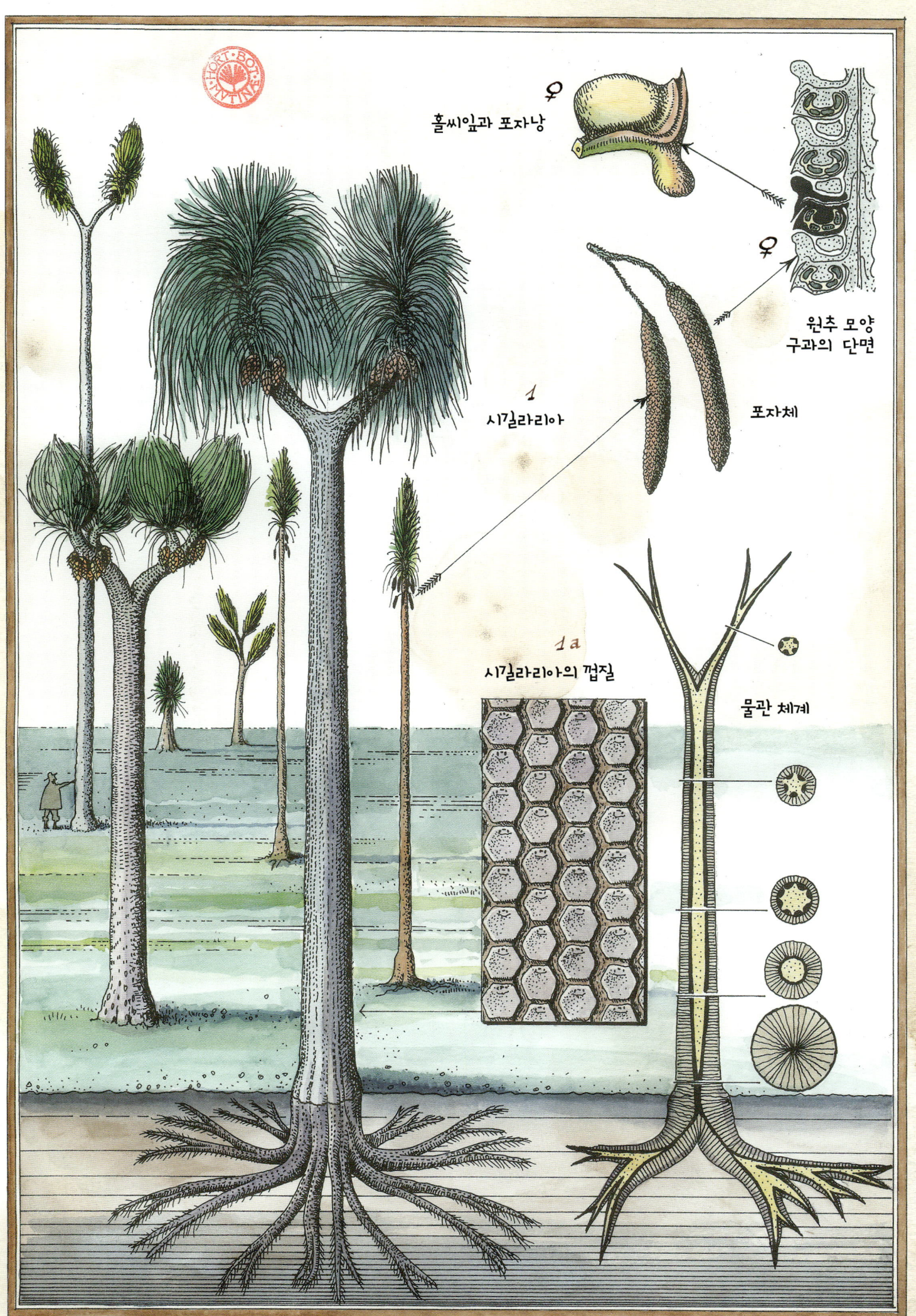
작은 가지, 긴 잎

거인을 이긴 난쟁이들
그림 51쪽

지금은 습한 지역에서 사는 섬세한 물부추(*Isoetes*, 그림 1)는 어딘지 작은 양파와 비슷하게 생겼어요. 페름기(2억 9900만 년 전~2억 5000만 년 전까지의 지질시대) 초반에 멸종된 거대한 수목다람쥐꼬리의 아주 가까운 친척일까요? 현재의 물부추는 세월이 흐르면서 수목다람쥐꼬리가 줄어들고 줄어든 축소판일까요?

과학자들은 아직도 이 문제를 두고 여러 가지 의견을 내놓고 있어요. 하지만 확실한 것은 수목다람쥐꼬리 시대에 이미 지금의 부처손(93쪽 참고)의 친척뻘 되는 식물과 비슷한 작은 풀들이 살기 좋은 곳을 찾았고, 그 후로 우리가 사는 현재까지 수백만 년 동안 비슷한 모습으로 살아왔다는 거예요.

거인을 이긴 난쟁이들

촛대 모양 식물
그림 53쪽

    모든 식물화석에는 물방울 모양이 적어도 하나씩 들어 있는데, 스페노필(*Sphenophyllum*) 화석의 물방울 모양은 분명 잎(그림 1)이었을 거예요. 그런데 여러 가지 모양의 잎을 틔울 수 있다면 굳이 한 가지 모양만 고집할 필요는 없겠지요? 큰 잎과 작은 잎, 좁은 잎과 넓은 잎, 테두리가 넓은 잎과 좁은 잎, Y자 모양에 날개 모양, 직선 모양 그리고 끝부분이 단단한 고리처럼 생긴 잎까지 잎의 모양도 무척 다양하잖아요. 심지어 어떤 식물은 여러 가지 모양의 잎이 한꺼번에 달려 있기도 해요. 스페노필룸이 바로 그런 식물이에요. 큰 잎 한 쌍과 작은 잎 한 쌍이 겹쳐 둥근 고리 모양을 이루기도 하고, 아주 폭이 좁은 잎들이 둥글게 뭉친 무리와 날개 모양의 큼직한 잎들이 역시 둥글게 뭉친 무리와 교차해서 화려한 모습을 뽐냈어요. 그리고 이 식물은 수학을 조금 할 줄 알았던 것 같아요. 둥글게 뭉쳐 무리를 이루고 있는 잎의 수가 정확히 3의 배수였어요. 6개, 9개, 12개, 15개 많으면 18개까지 뭉쳐 있었어요.

    이 식물은 석탄기 거대 삼림의 아래층에 살면서 넝쿨을 이루던 키가 1미터를 넘지 않는 평범한 관목이었어요(잎의 가장 윗부분에 갈고리 모양으로 생긴 부분이 다른 식물을 붙잡고 올라가는 데 사용됐어요). 가지 끝에는 덧잎이라는 특별한 잎들이 둥글게 뭉친 무리로 구성된 긴 '이삭'(그림 2, 2a)이 달려 있어요. 이 덧잎은 생식 구조물을 감추고 보호하는 역할을 합니다.

촛대 모양 식물

그 밖의 성공한 거인들
그림 55쪽

현재의 속새류('말꼬리' 식물이라고도 불러요. 95쪽, 96쪽 참고)와 아주 가까운 친척뻘 되는 식물 가운데 수목다람쥐꼬리와 당당하게 경쟁을 해서 나무가 되려 했던 식물도 있었어요. 고식물학자들은 이 식물의 줄기가 나무처럼 목질로 되어 있지만 속은 대나무처럼 비어 있다고 해서 '칼라미테스(*Calamites*, 그림 1)'라는 이름을 붙였어요(대나무는 라틴어로 Calammus예요).

무척 우아하고 매력적인 식물인 칼라미테스는 적도 습지 삼림의 생태계를 지배하면서 석탄기 후반에는 그 형태도 무척 다양해졌어요. 하지만 똑바로 서 있기 어려운 문제가 있었던 모양이에요. 줄기 속이 비어서 힘이 없었나 봐요. 하지만 여러 개의 마디로 구성되어 길게 자랄 수는 있었어요. 목질이라는 점을 제외하면 칼라미테스는 지금의 속새류와 거의 짝을 이룰 정도로 비슷해요. 기본적으로 땅속으로 들어가 있는 줄기 부분이 길고(그림 1a), 이 땅속 줄기에서 지상으로 자라는 줄기가 생산돼요. 땅 위로 올라오는 줄기는 대나무처럼 수많은 마디가 있고, 이 마디에서 가지가 나와요. 그리고 이 가지에서 또 다른 얇은 가지가 자라요. 가장 끝부분에 있는 마디에서 나온 잎들이 쐐기잎나무처럼 둥그런 모양으로 무리를 지어요(그림 2). 한무리를 이루는 잎의 수는 40개에 이를 정도로 많지만 크기가 무척 작고 작은 바늘이나 면봉과 모양이 비슷했어요. 나무의 키는 20미터까지 자라는데 잎의 너비는 기껏해야 3밀리미터밖에 되지 않았습니다.

그런데 이런 호기심이 생기네요. 식물계에서 꽤 독특한 특징을 지닌 속새류 식물이나 칼라미테스가 섬유 리본이 들어 있는 특별한 포자(그림 3)를 생산한다면 어떨까요? 배를 젓는 노나 헬리콥터처럼 리본 날개를 펼친다면 하늘을 비행하기 더 편해서 저 멀리 어딘가로 날아가 새로운 식물을 생산했을 수도 있지 않을까요?

그 밖의 성공한 거인들

세상에 입문한 고사리

그림 57쪽

    고사리의 잔가지는 자연이 만든 가장 아름다운 구조물인 것 같아요. 가지의 구조 자체도 무척 복잡하고 여러 차례 나뉘어서 끝부분으로 가서야 수술 장식 같은 예쁜 잎이 달리고(98쪽, 99쪽 참조) 땅속에 숨어 보이지 않던 줄기가 비집고 나와 숲의 초목지에 그늘을 만드는 경우도 많아요. 열대 지역에 사는 고사리는 줄기가 기둥처럼 우뚝 서 있고 몇 미터나 되는 가지들이 무리를 짓고 있어서 진짜 나무처럼 보이는 것도 있어요. 바위가 갈라진 틈 속에 사는 아주 작은 고사리도 크기만 작을 뿐 구조는 큰 고사리와 똑같이 복잡해요. 특히 고사리의 잔가지는 기공뿐 아니라 번식을 위한 작은 포자낭들을 저장하는 아주 중요한 역할을 해요.

    고사리가 복잡한 엽상 구조를 완벽하게 갖추기까지의 과정은 그리 만만치 않았어요. 초창기의 고사리(그림 1, 2)는 지금의 목본고사리와 비슷해서 멀리서 보면 둘을 착각할 정도랍니다. 하지만 꼼꼼한 고식물학자들은 이 식물들은 진짜 잎이 아니라 수많은 작은 가지들이 모여서 만들어졌다는 것을 알아차렸어요. 작은 가지들이 수차례 갈라져 사방으로 뻗어 나가고, 이 갈라진 가지에서 더 얇은 가지들이 자라 서로 얽히고 얽혀서 표면에 기공이 만들어지기 좋은 모습이 된 거예요. 여러분도 가까이에서 보면(그림 1a) 진짜 잎이라고 할 수 있는 이렇다 할 것을 찾을 수 없을 거예요. '잎'이라면 잎사귀가 이렇게 작지도 않을 것이고, 층을 이뤄 펼쳐져 있지도 않겠지요. 그런 잎은 없잖아요?

세상에 입문한 고사리

나를 잘 보세요. 내겐 잎이 없어요.

그림 59쪽

'잔가지'를 완벽하게 만들어 보려 한 또 다른 고사리가 있어요. 어떤 과정을 거치는지 알아볼까요? 이 고사리에서 높은 곳에 달린 잔가지들은 깃털 모양은 아니지만 진짜 잎처럼 평평하게 펼쳐지려는 경향이 있어요. 하지만 아무리 그래도 완벽한 잎과는 거리가 멀어요. 끝부분을 보면 잘 알 수 있어요. 잎 모양이어야 하는데 그저 아주 가느다란 가지들이 매우 자잘하게 나뉘어 있고 완전히 펼쳐져 있지도 않아요(그림 1). 고사리들은 마치 집을 짓는 벽돌공처럼 처음에는 바닥과 기본 틀을 만들면서 이렇게 잎을 흉내 냈어요.

나를 잘 보세요. 내겐 잎이 없어요.

위엄 있는 고사리
그림 61쪽

마침내 진짜 잎이 달리고(그림 1a) 지금의 양치식물과 비슷한 마라티아 고사리(*marattiaceae*: 용비늘 고사리과-역주)가 열대 지역에서 탄생했어요(그림 2).

프사로니우스(*Psaronius*, 그림 1)는 10미터까지 자라는 수생 고사리로 석탄기 후반에서 페름기까지 살았어요. 프사로니우스는 줄기 밑부분은 넓고(지름이 최대 1미터 정도예요.) 위로 갈수록 좁아지는 고깔 모양이예요(그림 1b). 우리가 실제로 이 식물을 본다면 아마 이렇게 탄성을 지를 거예요. '어떻게 식물의 줄기가 이렇게 웅장할 수가 있을까?' 하지만 사실 줄기는 빈약한데 밖으로 나와 있는 얇디얇은 뿌리들이 수십 개씩 겹쳐져서 그렇게 보이는 것입니다. 줄기의 여러 부분에서 나온 자잘한 뿌리들이 땅 쪽으로 내려가다가 자기들끼리 서로 얽히면서 단단하고 웅장한 표면을 만들었어요.

위엄 있는 고사리

솔방울 없는 '침엽수'

그림 63쪽

데본기 말부터 석탄기 초반 사이의 화석지에서 고식물학자들이 지금의 침엽수와 매우 비슷한 거대한 나무 몸통을 발견한 뒤 멋진 나무라는 뜻의 칼릭실론(*Callixylon*, 그림 1a)이라고 이름 지었어요. 그리고 고사리와 비슷한 거대한 '잔가지(그림 1b)'도 발견해서 아케오프테리스(*Archaeopteris*, 그림 1)라고 불렀어요. 여기까지는 이상할 게 하나도 없어요. 고사리와 침엽수는 오래된 식물이니까요.

그런데 침엽수도 고사리도 아닌 이 자연의 괴물은 곤충의 머리를 한 사자보다 더 이상한 것 같네요! 하지만 집중적으로 연구하면서 그런 생각이 바뀌었어요. 잔가지는 고사리의 거대한 잎이 아니라 침엽수에게 더 잘 맞는 단순한 작은 주걱 모양의 잎이 수없이 달린 가지라는 것을 알았기 때문이에요(그림 1c). 지금의 침엽수도 바늘 모양이나 비늘, 침, 계란 모양의 잎이 달려 있어요.

아케오프테리스(그림 1)는 정말 잎의 폭만 조금 더 넓을 뿐, 긴 가지에서 질긴 뿌리까지 침엽수와 많이 닮았어요. 솔방울도 있었냐고요? 이런! 아케오프테리스는 목질인데다가 몸통과 가지, 잎까지 소나무와 바꿔치기를 해도 모를 정도인데 솔방울은 열리지 못했고 당연히 씨도 없었어요. 대신 포자낭(그림 1d)이 있어서 공기 중에 포자를 뿌려 또 다른 아케오프테리스를 만들었어요.

고식물학자들은 아케오프테리스가 이렇게 독특한 특징을 갖고 있어서 침엽수라고 분류하지도 못하고, 고사리로 분류할 수도(진짜 양치식물 목질은 아니었어요.) 없었어요. 그래서 겉씨식물의 길을 연 조상이라는 의미를 담은 '원겉씨식물(progimnosperme)'이라는 새로운 식물 범주를 만들 수밖에 없었어요. 물론 가까운 친척뻘 되는 식물은 전혀 없었어요.

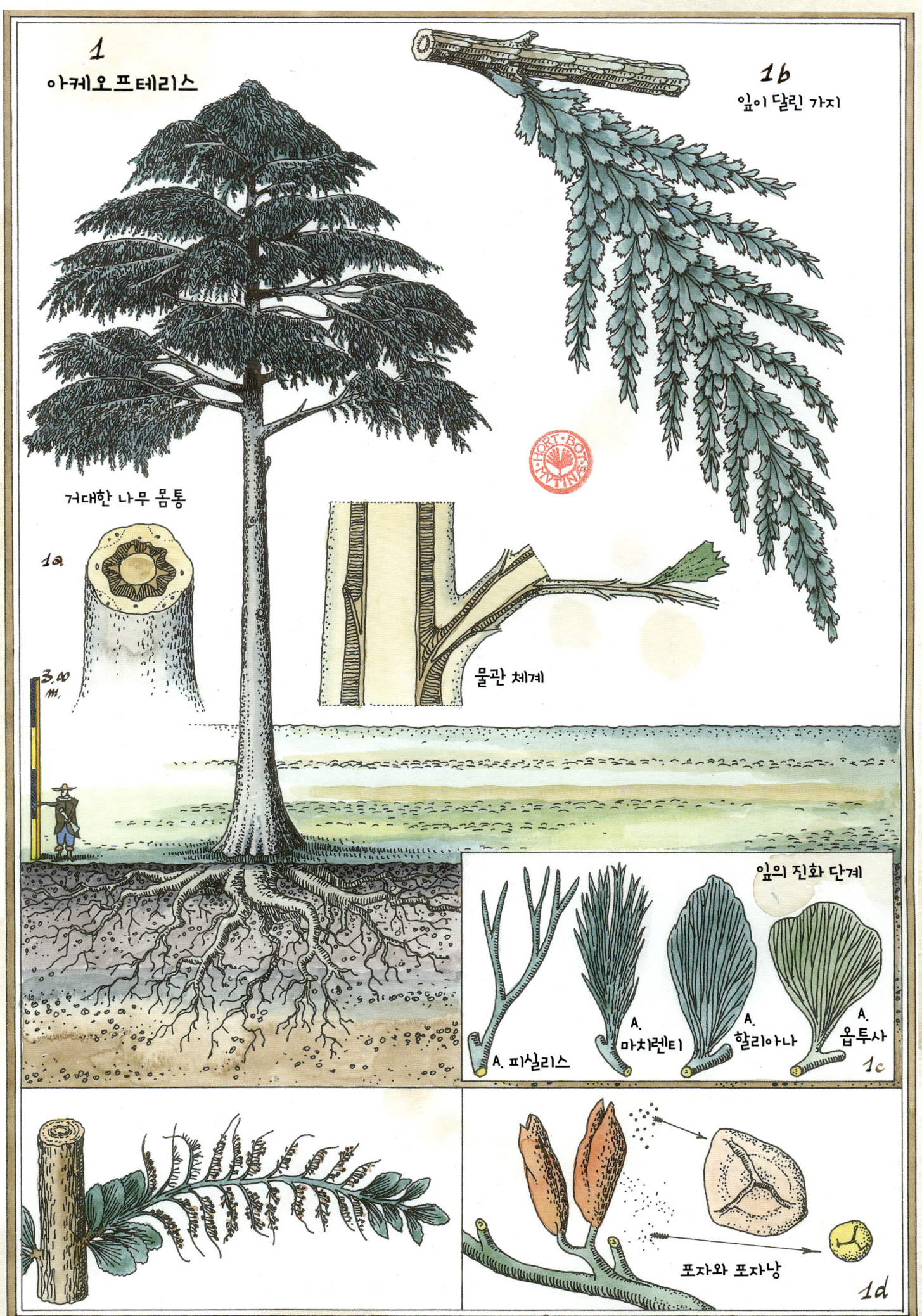

솔방울 없는 '침엽수'

씨앗 만드는 법을 아는 식물
그림 65쪽

　데본기 후반, 이미 일부 식물들은 씨앗을 만들 수 있었어요. 씨앗은 인간의 그 어떤 천재적인 발명품도 부럽지 않지요. 왜냐고요? 씨앗은 잎, 줄기, 뿌리가 되는 배를 보관해 주고 이미 스스로 자랄 준비가 되어 있거든요. 게다가 단단한 껍질이나 식물이 아직 성숙하지 않아 영양분을 얻을 수 없을 때 사용할 도시락(영양분)까지 충분히 갖고 있어요. 부족한 것이 하나도 없는 신비로운 씨앗이에요. 심지어 씨앗은 참을성도 많아서 발아하기 전, 땅속에서 오랜 시간 적당한 때가 오기를 기다릴 줄도 알아요.

　겉씨식물은 씨앗을 멀리 퍼뜨려서 자신과 비슷한 식물을 만들 계획을 세워요. 간단한 일 같지만 잘 생각해 보면 한 가지 걸림돌이 있어요. 식물은 땅에 붙어 있는데 씨앗이 모두 어미 식물의 발밑에 떨어지면 어떡하지요? 좁은 공간에 수백만 개의 식물이 자라다가 결국 서로를 질식시키고 말 거예요. 그러니까 어미 식물이 씨앗을 바람에 실어 날려 보낼 방법을 찾은 거예요. 그러려면 씨앗은 가벼워야 하고 날개 같은 것이 달려 있으면 더 좋아요. 아니면 자유롭게 이동하는 동물의 힘을 빌릴 수도 있어요. 씨앗의 바깥쪽 부분을 부드럽고 맛있게 만들어서 관심을 끌고, 안쪽 부분은 단단하고 소화가 되지 않도록 해서 동물이 땅 위 어딘가에 버리도록 하지요. 이 두 가지는 가장 간단한 방법일 뿐이에요. 식물이 번식하기 위해 시도한 천재적이고 창의적인 방법들은 상상을 초월할 정도로 많습니다.

　서로 다른 방법으로 번식하는 두 가지 고대 종자식물의 예를 들어 볼까요? 첫 번째 식물은 칼리스토파이톤(*Callistopyton*, 그림 1)이라는 관목 덤불로 숲의 낮은 곳에 살면서 작고 날개가 달린 씨앗을 만들어요. 반면 잎의 길이가 4~5미터까지 자라는 나무인 메둘로스(*Medullose*, 그림 2)는 사과만큼 크고 겉면은 부드럽지만 안쪽 배를 보호하는 아주 단단한 씨앗(그림 2a)을 만들어요. 이 정도 크기의 씨앗을 나르려면 동물의 덩치도 꽤 컸겠지요? 메둘로스의 씨앗은 파충류나 거대 양서류 혹은 물고기나 상어들이 주로 날랐어요. 지금도 아마존 숲에서는 동물들이 열매를 먹고 난 뒤 씨앗을 여기저기에 떨어뜨리고 다니면서 퍼트리는 역할을 많이 해요.

씨앗 만드는 법을 아는 식물

남반구에서 가장 위엄 있는 존재

그림 67쪽

페름기(2억 9900만 년 전부터 2억 5000만 년 전까지의 지질시대)에는 인도와 남극, 남아메리카, 오스트레일리아, 뉴질랜드를 비롯해 아프리카 대부분을 포함하는 곤드와나 대륙*에 '혀 모양 잎을 가진 나무'(그림 1a)라는 뜻의 글로소프테리스(*Glossopteris*, 그림 1)가 거의 5만 년 동안 군림했어요. 글로소프테리스는 울창하고 넓은 숲을 이룬 식물이에요. 당시 글로소프테리스가 서식하던 지역은 강과 호수 주변이라 정기적으로 물이 범람해 늪지를 이루고 있었거든요.

식물들의 잎은 따뜻한 계절이 끝나면 한꺼번에 땅에 떨어져요. 그래서 '혀 모양 잎'들의 화석은 아주 흔하고 이미 알려져 있는 종류도 수천 가지가 넘어요. 글로소프테리스는 잎에 생식 기능을 하는 수술(그림 1b)이 달려 있어요(지금의 참나무도 이런 특징을 갖고 있어요. 참나무 수꽃들은 작은 가지 하나에 여러 개의 수술이 달립니다).

가장 원시적인 글로소프테리스의 구조는 씨앗의 생산에 집중돼 있었어요. '혀 모양의 잎'은 국자 모양의 종자(그림 2, 3)를 지지하고 보호하는 역할을 하면서 혀 모양 잎 자신도 한 개, 세 개 혹은 그 이상의 씨앗을 갖고 있을 수 있었어요. 현재 이 잎과 씨앗에 대해 알려진 종이 50가지가 넘어요.

유럽에서 가로수로 많이 사용되는 찰피나무는 친척뻘 되는 나무는 하나도 없지만 글로소프테리스와 비슷한 번식 방법을 사용해서 열매를 멀리까지 확산시켜요. 찰피나무는 긴 잎에 돋은 짧은 꽃자루에 열매가 달려 있고, 잎은 낙하산 같은 기능을 합니다.

---

* 곤드와나 대륙 : 과거에 남반구에 존재했던 땅덩어리

정체성이 의심스러운 식물
그림 69쪽

화석식물의 정체성을 찾는 일은 쉬운 게 아니에요. 페름기에 서식했던 기간토프테리다(*Gigantopteridales*, 그림 1)의 예를 한 번 들어 볼까요? 어느 고식물학자가 이 식물을 발견하면 이렇게 소리칠지도 몰라요. '넌 무슨 식물이야? 말을 해 봐!'라고요.

실제로 기간토프테리다의 거대한 잎은(50센티미터까지 자라요.) 1억 년 뒤에나 출현한 꽃식물의 잎과 비슷하고, 아랫부분에 작은 씨앗으로 볼 수 있는 타원형의 조직과 양치식물의 포자낭과 똑같은 포자낭도 있습니다. 이런 경우 고식물학자들은 어떻게 분류해야 할까요?

그저 하루 빨리 땅 속 깊은 곳에 깊숙이 숨어 있던 화석이 발굴돼 이 모든 의문을 풀어 주기를 바랄 뿐입니다.

정체성이 의심스러운 식물

우리는 야자나무가 아니에요!

그림 71쪽

친척뻘 되는 사람들이 누군가를 보고 쌍둥이인 줄 알고 착각하면 그 사람은 별로 기분이 좋지 않을 거예요. 예를 들면 이런 식으로 말이죠. '너 루카니?' '아니, 난 안드레아야.' 하지만 유럽의 가로수로 많이 사용되는 참피나무와 같은 소철(Cycadales, 그림 1, 2, 3)의 운명이 바로 그렇습니다. 아직까지 소철이 살아 있기는 해요(그림 4). 하지만 오늘날 소철처럼 보이는 식물은 대부분 '야자나무'예요. 두 식물이 실제로 확실히 닮기는 했어요. 두 식물 모두 줄기가 가늘기도 하고 두껍기도 합니다. 가지가 조금 달리고 긴 잎이 다발을 이뤄 술처럼 멋지게 드리워 있지요. 하지만 소철과 야자나무는 완전히 다른 식물이에요. 소철의 씨는 침엽수처럼 밑씨가 겉으로 들어나 있는 겉씨식물이고, 야자나무는 속씨식물로 열매 속에 씨가 들어 있어요. 대추야자나무의 경우 과육이 달콤한 열매 속에 단단한 씨가 들어 있어요.

소철은 아주 오래된 식물로 고생대부터 이미 지구에 존재하고 있었어요. 중생대에는 무척 널리 확산됐다가 점점 줄어들기 시작해 지금 열대 지역에 서식하는 몇 종류만 살아남았어요. 소철은 아름다운 생김새 덕분에 이탈리아에서는 공원에 심어요. 하지만 겨울에도 기후가 온화한 곳에서만 살 수 있습니다. 소철을 편안하게 해 주려면 따뜻한 곳에서 살게 하고 야자나무와 착각하지도 말아야 해요!

우리는 야자나무가 아니에요!

마른 줄기와 통통한 줄기

그림 73쪽

　베네티테스(*Bennettitales*, 그림 1, 2)는 소철의 친척이지만 모두 멸종됐어요. 키가 매우 작은 베네티테스는 줄기가 가늘거나, 윗부분에 소철의 잎과 거의 똑같이 생긴 잎들(그림 3)이 왕관 형태로 올라가 있는 신기한 통 모양(그림 1a)을 하고 있었어요.

　베네티테스는 식물 역사상 최초로 암수한몸(그림 4), 즉 수컷 부분(꽃가루 생산)과 암컷 부분(꽃가루로 수정돼 씨로 변형되는 난자)을 모두 갖고 있는 생식 구조를 보여 주는 식물이에요. 베네티테스의 생식 구조를 모방한 식물은 현재 식물계를 장악하고 있는 꽃식물인 속씨식물밖에 없어요.

　베네티테스는 '가짜 꽃'처럼 보이는 생식 기관(그림 4)을 '털이 난' 보호용 덧잎으로 둘러싸 감추기까지 했어요. 그러자 번식 조직을 먹거나 주변에 배설물을 남겨 영양분을 공급해 주는 동물의 수가 줄어들었어요.

　부작용은 또 있었어요. 과도하게 생식 기관을 보호하다 보니 꽃가루(그림 4a)가 효율적으로 이동하는 데 방해가 돼 번식에 어려움이 생긴 거예요. 기후도 따뜻하고 환경이 워낙 좋아서 스스로 꽃가루를 이용해 자가수정도 했지만 이렇게 생산된 새 생명은 환경의 변화에 적응하는 능력은 부족했어요.

　결국 백악기 말에 와서는 놀라운 변화가 일어났어요. 이 무렵 속씨식물은 곳곳에 퍼져 대부분 아름다운 암수한몸 꽃을 피웠어요. 너무 매력적이라 온갖 동물들이 속씨식물의 암술에 수술을 묻혀 주었어요. 속씨식물은 이제 가짜 꽃을 따라 할 필요가 없게 됐어요. 게다가 기후도 나빠져서 베네티테스는 아무것도 할 수 없었고, 결국 진짜 '꽃'이 가득한 세상에서 물러날 수밖에 없었습니다.

마른 줄기와 통통한 줄기

저 혼자 남겨졌어요
그림 75쪽

　은행나무(그림 1)가 살아 있는 화석일까요? 은행나무가 지금까지 살아 있는 것은 인간 덕분이라 할 수 있어요.(믿을 수 없는 일이네요! 그래도 자연이 인간에게 감사할 일이 한 가지는 있었어요). 은행나무는 가을마다 눈부시도록 따스한 황금색으로 변하는 '공작고사리(*Adiantum*) 잎'을 가진 멋진 나무예요. 은행나무는 신성한 불사조예요. 일본 히로시마 사원들 근처에 있는 은행나무들은 원자 폭탄의 공격 속에서 살아 남았고 원산지인 중국에서 서식하는 은행나무들은 천 년 넘게 살고 있습니다. 또 은행나무 잎에서 심각한 질병을 치료하는 데 중요한 기능을 하는 물질도 추출할 수 있어요. 은행나무처럼 희귀하고 소중한 식물을 찾기도 쉽지 않을 거예요. 아마 중국에서도 이런 야생식물의 예는 더 찾아보기 힘들 거예요. 은행나무가 아직까지 남아 있는 것은 인간이 직접 심고 수천 년 동안 보호해 주었기 때문입니다. 은행나무는 중국에서 일본으로 건너간 뒤, 아주 오랜 시간이 지나서야 유럽을 비롯한 세계 각지로 퍼져 나갔어요.

　은행나무가 정말 많았어요. 요즘 소나무의 종류가 다양한 것처럼, 수많은 종류가 있었고 숲 전체가 은행나무인 곳도 있었어요. 미국 워싱턴의 밴티지(Vantage)에 있는 중신세(신생대 제3기 초 약 2600만 년 전부터 약 700만 년 사이) 화석 숲에 가면 지금도 그 당시 번성했던 은행나무 줄기를 볼 수 있습니다. 이탈리아에서도 지질층에 보존돼 있던 꽃자루나 잎 화석(그림 2)이 발굴되는 것을 보면 은행나무가 자랐을 것으로 추측하고 있어요. 잎이 조금 더 긴 것도 있고 짧은 것도 있고 가장자리가 매끄러운 것과 들쭉날쭉한 것도 있지만 거의 모두 두 쪽으로 나뉜 대칭된 모양이에요.

　은행나무의 씨는 큽니다(그림 3). 바깥쪽의 종자 껍질은 부드럽지만 매우 고약한 냄새를 풍기고, 미래의 새싹을 보호해야 하는 종자 부분은 단단하고 튼튼하지요. 어떤 학자들은 공룡처럼 씨앗의 바깥쪽 육질을 좋아하지만 딱딱한 부분은 소화를 못해서 그대로 씨앗을 배설하던 거대한 척추동물이 죽는 바람에 은행나무 수도 줄어들었다고 추측하고 있어요. 은행 구과 냄새가 어떤지는 알지요? 우리에게는 고약한 냄새가 공룡에게는 식욕을 돋우는 냄새였던 모양입니다.

저 혼자 남겨졌어요

75

끈 모양 잎

그림 77쪽

석탄기부터 페름기까지 서식한 고대 겉씨식물군인 코르다이테스(*Cordaites*, 그림 1)에 대해서는 거의 모든 것이 밝혀진 상태예요. 하지만 외형적으로 통일된 형태였는지는 아직 정확하지 않아요. 코르다이테스는 지름 1.5미터에 완벽한 직선으로 50미터 높이까지 길게 뻗어 있는 것도 있었고(이렇게 긴 나무를 보면 목수들이 참 좋아하지요!), 수원지와 멀리 떨어진 '고원지대'에서 자라는 것도 있었어요. 키가 크지 않은 평범한 코르다이테스는 소금기가 있는 땅이나 깨끗한 물이 흐르는 습지 근처에서 자랐어요. 자석 성분이 풍부한 습지인 이탄지(peat: 소택지나 호수 등의 습윤지에 식물유체가 다 분해되지 않은 상태로 퇴적되어 이루어진 땅)에서 다람쥐꼬리, 고사리와 함께 자랐어요. 진흙 늪지대에서 넝쿨을 이루는 것도 있었어요(그림 2). 그리고 일부 학자들에 의하면, 해안 습지의 코르다이테스는 맹그로브 식물과 비슷했다고 해요(그림 3).

코르다이테스는 같은 종류라 해도 크기는 무척 다양하지만, 잎은 모두 띠 형태였어요. 길이는 몇 센티미터에서 1미터까지 자랐고(그림 4) 섬유질의 띠로 이루어진 수많은 잎맥이 길게 뻗어 있는 단단하고 질긴 멋진 잎이었어요. 그리고 코르다이테스에는 아주 작은 비늘 모양의 잎이 뒤덮고 있는 작은 고깔 모양 조직(그림 5)들로 구성된, 무척 신기하게 생긴 '구과'도 있었어요(길이가 30센티미터까지 자랐습니다). 이 고깔 중 수컷 고깔 안에 들어 있는 작은 잎들의 위쪽 끝에는 꽃가루를 생산하는 긴 주머니가 있었고(그림 5a), 암컷 고깔 일부에는 난세포가 들어 있어 수정이 되면 씨로 바뀌지요. 씨는 작고 납작한 모양에 양쪽에 작은 날개가 달렸어요. 그러니까 코르다이테스는 바람을 이용해 자손을 멀리 확산시키는 방법을 선택한 거예요. 그리고 꽃가루도 둥근 몸통 주위에 얇고 가벼운 면사포 같은 것이 둘러싸여 있어 바람에 실려 날아다닐 수 있습니다.

많은 학자들은 코르다이테스가 지금의 침엽수와 친척 관계였을 거라 추측해요. 하지만 여러분도 알다시피 식물의 '족보'는 사람의 족보보다 훨씬 더 어렵습니다.

우리는 늙었지만 아직 활발해요

그림 79쪽

　남양삼나무(*Araucariaceae*)는 고대 침엽수와 같은 과의 식물이에요. 한때는 수많은 종류가 있었다가 지금은 남반구에 서식하는 40여 종 정도만 남았어요. 하지만 아직도 마오리족이 신성시하는 뉴질랜드의 와이포우아 숲(Waipoua Forest)을 만들 수 있을 정도로 풍부합니다. 남양삼나무들이 최고의 전성기를 누린 때는 쥐라기였어요. 식욕이 왕성한 초식 공룡들이 고사리와 소철 등을 전멸시키다시피 먹어치워 준 덕분에 침엽수가 거대 삼림을 이룰 만한 공간이 더 많아졌지요.

　쥐라기에 살던 생물은 모두 인상적이에요. 공룡도 그렇고, 지금도 거대한 생식 기관이 달린 강한 나무인 '남양삼나무' (그림 1, 2, 3, 4)도 그렇고요. 꽃가루를 생산하는 남양삼나무의 고깔(그림 2a)은 길이가 30센티미터까지 자라고, 솔방울(그림 2b)의 크기는 거의 축구공만 했어요(무게도 엄청났습니다! 솔방울이 그대로 땅에 떨어지지 않고 나무에 매달린 채로 작은 조각으로 부서진다니 천만다행이에요).

　요즘처럼 하늘에는 수많은 비행기가 날아다니고 인터넷 덕분에 모두 하나가 되는 정보화 사회에서 어느 식물이 거의 2000년이 지나도록 세상에 알려지지 않은 채로 외면당하고 있었다면 믿을 수 있을까요? 하지만 월레미 삼나무(*Wollemia nobilis*, 그림 3)가 그랬습니다. 살아 있는 화석이라 불리는 이 식물은 어쩌면 쥐라기 식물인 '남양삼나무'의 후손일지 몰라요. 1994년 오스트레일리아 뉴사우스웨일스 주의 올레미 국립공원 어느 협곡에서 높이가 무려 40미터에 달하는 나무 십여 그루가 발견됐어요. 이 나무들은 주위에 어린 새싹들에게 영양분까지 공급하고 있었어요. 이후 어린 새싹을 재배했고 2006년도부터는 일반 가정에서 구입해 정원을 꾸밀 수도 있게 되었어요. 올레미 국립공원에서 이 나무를 보려면 공원 측의 허가를 받고 소독을 받아야 해요. 마치 병원에서 중환자실에 들어갈 때처럼요. 그런데 월레미 삼나무가 지금 딱 중환자 상태라고 합니다. '오염된' 흙이 묻은 더러운 신발 때문에 작은 곰팡이가 생겼는데, 그 곰팡이가 뿌리를 상하게 했거든요.

참 못생긴 꽃도 다 있네!

그림 81쪽

아르카이프룩투스(*Archaefructus*, 그림 1)를 소개합니다. 이 식물의 나이는 1억 2500만 살은 됐어요. 이 식물의 화석이 중국에서 발견되었어요. 속씨식물이라고 부르는 '꽃이 피는 식물' 가운데 가장 오래된 화석입니다. 속씨식물은 씨를 타원형의 특별한 그릇 속에 넣어 보호하고, 이 그릇이 나중에 열매가 되는 식물이에요.

지금도 속씨식물이 전 세계 꽃식물의 대부분이에요. 무엇보다 문명화의 길을 걷는 인간에게 식량과 약, 의류용 섬유, 색소 등 많은 것을 공급하며 도움을 줬습니다. 단 오해하진 말아요. 아르카이프룩투스가 최초의 '꽃이 피는 식물'이라는 말은 아니에요. 지금도 고식물학자들이 아르카이프룩투스와 같은 시대나 그보다 더 오래전의 화석 꽃식물을 찾고 있습니다. 왜 그렇게 열심히 연구하냐고요? 아마 여러분도 설인에 대한 이야기를 들어 본 적이 있을 거예요. 수세기 전부터 설인이 있다는 말은 많았지만 실제로 존재했는지를 확인할 수 있는 증거는 아직 없습니다. 설인만큼 미궁 속에 빠져 있는 것이 바로 '지독한 꽃이 피는 식물의 미스터리'(1859년 찰스 다윈이 그렇게 말했습니다.)예요. 속씨식물은 대체 언제, 어디서, 어떤 '조상' 식물에서 기원된 걸까요? 무려 한 세기 반이 지났는데도 속씨식물의 미스터리는 완전히 밝혀지지 않았어요. 모든 고식물학자의 꿈이 바로 이 수수께끼를 푸는 일입니다.

아르카이프룩투스는 수생 환경에서 서식하던 작은 크기의 풀이에요. 잎이 여러 갈래로 갈라져 있어서(그림 1a) 파슬리나 펜넬과 비슷해 보이고, 잎에는 속이 빈 채로 부풀려진 잎자루가 달려 있어서 공중을 떠다니는 데 도움이 되지요. 꽃이 피기는 하지만(그림 1b) 그 누구도 꽃다발을 만들 생각이 들지 않을 정도로 못생겼어요. 꽃잎 한 장 없이 그저 생식을 위해 반드시 필요한 수술과 씨방만 있는 헐벗은 모습이에요. 그리고 이 씨방이 자라면 작은 '꼬투리 콩'(그림 1c)과 비슷해져요(식물학자들은 '골돌과'라고 불러요). 이렇게 시간이 지나야 아름다워지는 꽃식물인 아르카이프룩투스는 어떤 일이든 처음에는 힘이 든다는 교훈을 생각하게 만들어요.

참 못생긴 꽃도 다 있네!

드디어 등장한 평범한 식물들
그림 83쪽

아르카에안투스 린넨베르제리(*Archaeanthus linnenbergeri*, 그림 1)와 조프레아 스페이르시(*Joffrea speirsii*, 그림 2), 막지니티에아 안구스틸로바타(*Macginitiea angustilobata*, 그림 3) … 이름을 읽기도 쉽지 않지요? 과학자들이 오래된 꽃식물들에게 붙인 이름입니다! 과학자들이 붙인 이름, 라틴어 학명은 모두 뚜렷한 의미를 갖고 있어요. 이 난해한 이름들을 파헤쳐서 식물학자들이 어디서 영감을 얻었는지 한 번 알아 볼까요?

아르카에안투스(*archaeanthus*)는 식물의 학명 가운데 꽤 쉬운 편에 속하는 이름이에요. 그리스어에서 유래된 말로 '오래된 꽃'을 뜻하지요. 이 식물의 나이가 1억 년은 족히 되니까 적절한 이름이지요. 한편 린넨베르제리(*linnenbergeri*)는 캔자스(Kansas)의 목장 소유주인 린넨버저(Linnenberger) 형제가 자신들의 땅에서 이 아름다운 꽃과 관련된 화석 물질을 무료로 수집할 수 있도록 해 준 것에 대한 감사의 뜻으로 이름을 붙인 겁니다. 막지니티에아(*Macginitiea*)와 스페이르시(*speirsii*)도 사람 이름의 성이지요. 북아메리카의 열정적인 고식물학자의 이름이에요. 먼저 막지니티에아 안구스틸로바타는 해리 맥-지니티에(Harry Mac-Ginitie)라는 고식물학자의 성에 라틴어로 '열편이 좁은 식물'이라는 말을 붙인 것이에요. 조프레아 스페이르시는 베티 스페이르스(Betty Speirs)의 성과 화석이 발견된 캐나다의 지역명 조프레 브릿지(Joffre Bridge)를 합쳐서 만들었어요. 이렇듯 식물의 학명은 다양한 곳에서 영감을 얻어 지어졌고 그래서 가끔은 재미있는 이름이 나오기도 했습니다.

'문제가 있는 씨앗'이라는 뜻의 프로블레마토스페르뭄(*Problematospermum*)은 분명히 발견한 사람의 골머리를 앓게 만든 화석일 거예요.

아르카에안투스(그림 1)는 태산목(*Magnolia grandiflora*, 그림 4)을 닮았지요? 막지니티에아(그림 3)는 도심의 길가에 서 있는 플라타너스 나무와 비슷해요. 한편 조프레아 스페이르시와 가장 가까운 식물을 찾으려면 살아 있는 화석이라고 하는 계수나무(학명은 *Cercidiphyllum*이에요. 요즘 식물의 이름도 그렇게 간단하지는 않아요.)가 사는 동아시아로 가야 합니다.

아르카에안투스 린넨베르제리 1

조프레아 스페이르시 2

막지니티에아 안구스틸로바타 3

현재의 태산목(목련) 4

드디어 등장한 평범한 식물들

3부

화석식물로 복원한 식물의 역사
식물은 어떻게 진화했을까?

왜 이 책이어야 할까요?

공룡을 모르는 사람이 있나요? 매머드나 마스토돈(제3기 중기에 번성한 코끼리), 송곳니가 날카로운 검치호랑이나 동굴에서 사는 곰을 모르는 사람은 없을 거예요. 동물의 세계에 대해서는 누구나 어느 정도 알고 있지요. 사람들이 이렇게 동물의 세계에 대해 잘 알게 된 것은 '쥐라기 공원'이나 '빙하기' 등 수많은 영화와 만화 덕분이기도 해요. 이런 소재를 다룬 책은 말할 것도 없어요. 심지어 《공룡의 깃털》과 같은 공포물에서도 동물의 세계를 묘사하고 있으니까요. 사람들의 입에 오르내리는 동물의 이름은 다양하기도 하지만, 이름만 들어도 동물의 모습을 실제와 비슷하게 떠올리는 사람도 많습니다.

라이니아(*Rhynia*)를 아는 사람이 몇이나 될까요? 아르카이오프테리스(*Archaeopteris*)는 몇 명이나 알까요? 레피도덴드론(*Lepidodendron*)이나 칼라미테스(*Calamites*)는 어떨까요? 거의 없을 거예요. 이탈리아어 사전 가운데 '브론토테리움(*Brontotherium*)'이라는 화석 동물에 대해서는 '기제류(뒷다리의 발가락 수가 하나, 혹은 셋이며 세 번째 발가락이 발달한 동물-역주)의 포유류로, 북아메리카 올리고세(Oligocene: 신생대 제3기의 중기에 속하는 지질시대)의 화석. 큰 덩치에 주둥이가 길고 코뿔소와 비슷한 뼈마디를 갖고 있다.'라고 아주 길게 설명해 놓았지요. 하지만 이 사전은 적도 습지 삼림의 생태계를 지배했던 그 매력적이고 우아한 '칼라미테스'(55쪽을 보세요.)에 대해서는 단 한 마디도 없어요.

이 책은 식물화석에 대한 지식을 보급한다거나 식물의 역사와 진화를 교육하고자 하는 의도만으로 만들어진 것은 아니에요. 식물학자들도 사람이니 언제나 교육적일 수만은 없어요. 이 책은 무엇보다 많은 사람들, 특히 어린이 청소년들과 넓게 펼쳐져 있는 초록 세상에 대한 사랑을 공유하고자 하는 바람을 담고 만들었어요. 다양한 환경에 적응하며 성장하는 식물에 대해 쓴 책이에요. 스스로와 자손들을 위해 햇빛이 드는 자리를 정복하고 거의 천재적으로 느껴질 만큼 기발한 방법으로 동물을 끌어들여 꽃가루를 옮기는 매개자이자 식물의 종족 전파자로서의 역할을 수행하는 식물에 대한 경이로움을 함께 나누고 싶은 마음도 담았습니다.

이 책을 읽고 나서 식물에 대한 호기심이 생긴다면 더없이 좋을 것 같습니다. 현대의 식물들은 우리의 사랑과 보호가 절실히 필요하거든요. 초식 공룡들은 지치지도 않고 계속 식물을 학살하듯 먹어 치웠어요. 공룡들의 '배설물'에서 잎과 씨앗, 나무껍질, 가지, 나무 조각 등이 나온 것을 보면 알 수 있어요. 하지만 초식 공룡들이 아무리 풀을 많이 먹었다 해도 인간이 초록 세상에 준 피해와는 비교도 할 수 없어요. 인간은 이제까지 식물을 정말 심하게 괴롭혀 왔어요. 어쩌면 앞으로도 계속 그럴지 몰라요.

그림 자료들

우리는 화석식물 이야기를 하려고 그림을 풍부하게 실었어요. 식물의 전체적인 모습과 잎, 포자낭, 줄기를 자른 단면까지⋯⋯ 식물학자들이 그림을 수록한 이유는 무엇일까요? 단순히 아름답게 보이기 위해서거나 정확한 설명만을 위해서는 아니에요. 모든 부분을 분석해 유기체 전체를 재구성하는 것이 화석식물을 연구하는 과학인 고식물학의 주요 목표들 가운데 하나입니다.

'복원'이라는 말을 들어봤나요? 예를 들어 참나무가 살았을 때와 죽었을 때를 생각해 보세요. 참나무는 살아 있는 동안 해마다 잎과 꽃을 피우고 난 나머지들, 꽃가루, 도토리, 도토리컵, 나무껍질 조각, 오래된 가지 등을 주위에 떨어뜨려요. 하지만 죽으면 모든 부분이 조금씩 분해되고 몸통에서 가지가 다 떨어져 나가고 썩어 결국 땅 속에 박혀 있는 뿌리와 분리돼 쓰러져요. 또 참나무가 살아 있어도 갑작스러운 산사태나 홍수가 나서 뿌리째 뽑혀 강물에 쓸려 가면, 물살 때문에 잎이며 가지들이 다 떨어져 멀리 떠내려가 버리고 장대 같은 몸통만 남을 수 있어요. 이렇게 나무에서 떨어져 나간 부분들이 화석이 되고 언젠가 다시 발견되면 연구 대상이 되지요. 이때 과학자는 잘라진 조각들을 모두 다시 모아 퍼즐 맞추기를 해야 해요. 나뭇잎과 껍질, 줄기, 뿌리, 꽃, 가지, 씨앗, 열매⋯ 그러니까 식물 '전체'(전체가 안 되면 최대한 가능한 만큼)의 모습을 추측하는 일은 복원이에요. 복원은 고식물학 연구의 핵심인 거예요. 그에 비해 화석 척추동물 연구는 이렇게까지 어렵지는 않아요. 척추동물은 살아 있으나 죽으나 몸이 산산조각 나는 일은 아주 드물거든요.

여러분은 이 책의 그림이 마음에 드나요? 여러분도 느끼겠지만 그림이 참 예술적으로 보일 거예요. 식물 하나하나의 모습을 그냥 손가는 대로 그린 것이 아니라 줄기와 가지, 잎의 비율과 모든 구성 요소의 크기를 비롯해 아주 작은 가시부터 결절, 솜털에 이르기까지, 식물의 여러 부분의 연결 방식도 고려했어요. 고식물을 복원할 때는 화석 물질만으로 모든 것이 완벽하게 조화를 이뤄야 해요. 복원은 화가의 상상이 아니라 때로는 맨눈으로, 때로는 최신 과학 기구의 도움을 빌어 화석을 꼼꼼하게 오랜 시간, 관찰한 결과를 바탕으로 해야 해요. 그리고 복원 분야에서 일하는 화가는 단순히 기교만 좋아도 안 돼요. 모두 화석식물이지만 아주 오래전에는 모두 살아서 성장하고 그늘을 만들고 번식하고 살아남기 위해 투쟁했던 식물이기 때문에 식물에게 생명을 투영할 수도 있어야 해요.

화석식물

　화석식물은 무엇일까요? 어떻게 우리에게 오게 된 걸까요? 화석식물에 대한 가장 기본적인 정보는 '화석'이라는 이름 안에 들어 있어요. 화석(fossil)은 라틴어로 'fodere(발굴하다, 땅을 파서 얻다)'라는 단어에서 유래했어요. 땅에서 꺼낼 수 있는 모든 것을 가리키지요. 화석이라는 용어가 만들어진 지는 그리 오래되지 않았어요. 1500년 초중반, 그리스어가 아닌 라틴어가 과학계의 기본 언어가 됐을 때 독일에서 '아그리콜라(Agricola)'라는 이름으로 더 유명했던 광물학자 게오르그 바우어(Georg Bauer)가 '화석'이라는 이름을 만들었어요. 화석식물은 보통 유기체가 죽으면 곧바로 달려드는 파괴 매개체(박테리아나 미세 곰팡이 등)를 피해 바위 속으로 들어가 지금 이 시대까지 전해진 식물이라고 말할 수 있어요.

　화석식물은 단순히 오래전의 식물만은 아니에요. 화석은 생명에 대한 모든 것을 증명하지요. 식물 전체나 잎, 줄기, 껍질, 투시도(모래가 뭉쳐서 굳어진 암석 위의 나뭇잎 흔적에는 생물학적 요소가 전혀 보존돼 있지 않아서 투시도를 사용해요.), 혹은 고대 식물의 활동 흔적만으로도 생명체의 자취를 추측해 볼 수 있어요(예를 들어 석회암은 해조류의 일부에서 떨어져 나온 탄산칼슘이 보존되어 만들어진 경우가 많아요).

　물이 있거나 습한 환경이라면 대부분 화석이 보존되어 있어요. 화석식물이 만들어지고 보존되는 이상적인 장소가 호수나 연못, 늪지예요. 수면이 보호 역할을 해 주거든요. 시간이 흐르면서 아주 미세한 크기의 광물들이 매우 빠른 속도로 침전돼 쌓이면 식물은 금세 땅속으로 묻히지요. 그리고 광물이 풍부한 물속이라면 정말 멋진 화석이 만들어질 수 있어요. 과학자는 그런 환경에서 만들어진 화석을 발견할 때 더없이 기쁘지요. 아주 드물기는 하지만 세포 하나하나와 그 세포들 내부의 작은 기관까지 관찰할 수 있는 화석이 발견되기도 합니다.

현재의 식물과 먼 친척인 식물의 발견

　시간을 기준으로 다양한 화석식물의 자손에 대한 연구를 하다 보면 지금까지도 서로 어느 정도 가까운 친척 식물들이 살아 있다는 사실을 발견하게 돼요. 할아버지의 할아버지의 할아버지뻘이거나 손자, 혹은 사촌뻘인 식물들이지요! 이 친척 식물들의 운명은 참 묘하기도 합니다.
　어떤 식물들은 사람들의 발길이 잘 닿지 않는 특별한 환경에서 사는 작고 여린 풀이라 돋보기를 동원해야 하는 경우가 있어요. 다람쥐꼬리(*Lycopodium*)와 부처손(*Selaginella*)(93쪽을 보세요), 칼라마리아(*Calamaria*)가 그런 경우인데, 이 종은 고생대 늪지를 지배하고 석탄 침전물을 만든 거대한 수목다람쥐꼬리를 생산한 자손을 남겼어요. 이 식물들은 먼 친척이기는 하지만 지금도 이탈리아의 늪지나 산 여기저기에 흩어져 살고 있는 식물입니다.

   그 밖에 다른 식물들은 매일 우리와 함께 생활하고 있어요. 공원과 산책로, 심지어 학교 뒤뜰에도 다양한 식물들이 있어요. 아름답고 신성한 식물이라 고향인 중국에서 인간의 보호를 받은 은행나무를 생각해 보세요(103쪽 참조). 지금은 전 세계 곳곳에서 수입해 어느 도시에서나 흔하게 볼 수 있어서 같은 종족 식물 중 유일하게 살아남은 종이라는 게 이상하게 느껴질 정도이지요.

   통행이 어려워 탐험이 거의 되지 않은 곳에서(지구에는 아직 그런 곳이 무척 많아요!) 발견된 지 고작 해야 십 년 정도밖에 되지 않는 아직도 신비에 휩싸인 식물들도 있어요. 월레미 삼나무(78쪽 참고)가 그런 경우인데, 이 식물은 남양삼나무과의 원시 침엽수 중에서도 가장 오래됐을 것이라 추측되고 있어요. 이 나무는 조만간 아주 유명해질 테니 두고 보세요! 웹 사이트(www.wollemipine.com)에서 기르는 방법을 가르쳐 주면서 어린 싹을 저렴한 가격에 판매하고, 판매 수익금의 일부는 호주에서 자생하고 있는 이 식물의 종을 보호하는 데 사용하고 있거든요. 그리고 나중에 공원에서 월레미 삼나무가 자라는 모습을 보는 날이 오면 월레미 삼나무 종이 앞으로 오래 살 수 있을 거라고 기대해도 될 거예요. 이제까지는 인간이 자연에게 정말 나쁜 짓을 많이 했지만, 앞으로는 좋은 일도 하게 될 테니까요!

▎ 아글라오파이톤 만들기

   아글라오파이톤(39쪽 참고)을 3차원으로 현실화해 여러분의 집에 약 4억 년 전의 식물 복제본을 두고 감상하는 기쁨을 누린다면 어떨까요? 한번 이렇게 따라 해 보세요.

1. 1밀리미터 두께의 부드러운 철사 2.5미터와 얇은 묶음용 실 1미터, 초록색과 갈색 지점토, 갈색 실 약간을 준비하세요.
2. 금속 뼈대는 90쪽 그림 (1)을 참조해서 만드세요. 철사를 다양한 길이로 자르고(그림을 참고하세요) 아주 얇은 금속선으로 묶으세요. 뼈대의 크기가 얼마나 커야 하냐고요? 아글라오파이톤의 최대 높이는 18센티미터이고 줄기의 최대 지름이 6밀리미터라는 것을 알아 두세요.
3. 철사를 다 묶었으면 그림 (2)에서와 같이 컬러 지점토를 붙이세요. 초록색은 줄기에, 올리브색이나 갈색은 끝부분의 포자낭에 붙이면 돼요. 바닥과 닿는 부분에 '뿌리'가 있는 것처럼 짧고 질긴 갈색 실을 덧붙이세요.

4. 조금 더 실감나게 만들고 싶으면, 나무판에 불그스름한 모래를 붙여 아글라오파이톤이 잎사귀 하나 없이 지구에 처음 살기 시작하던 곳의 환경처럼 꾸민 뒤, 작은 못으로 모형을 고정하세요.

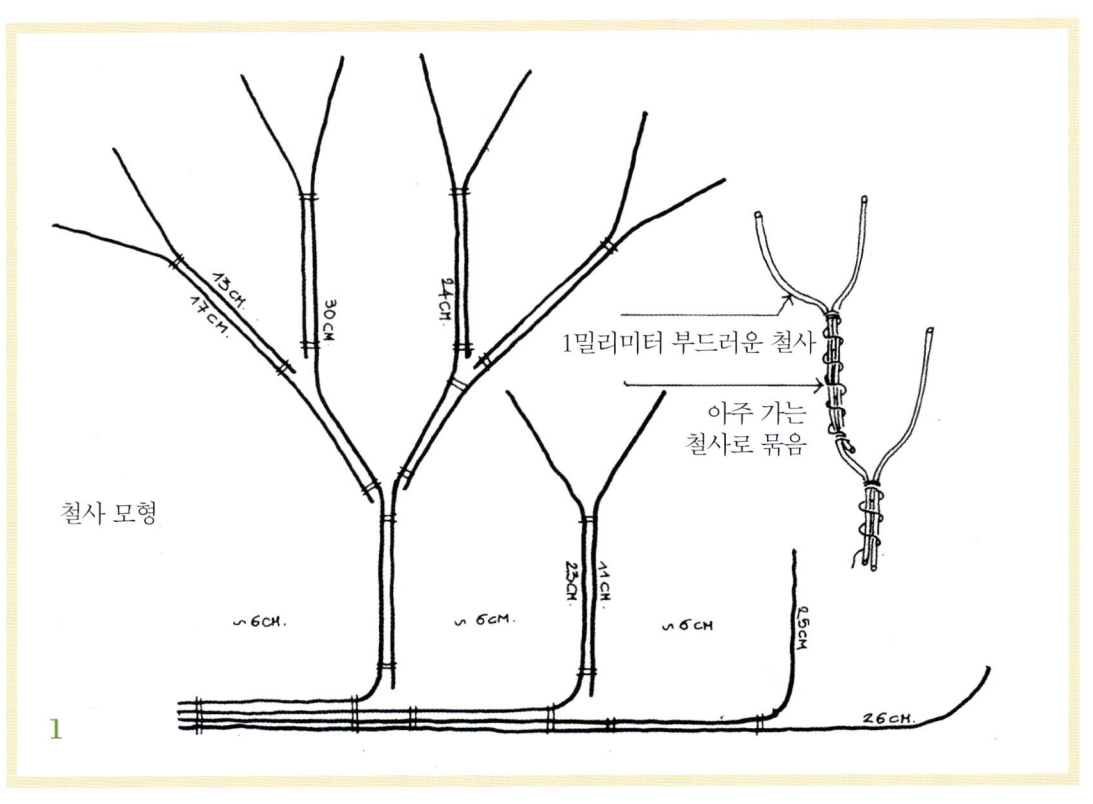

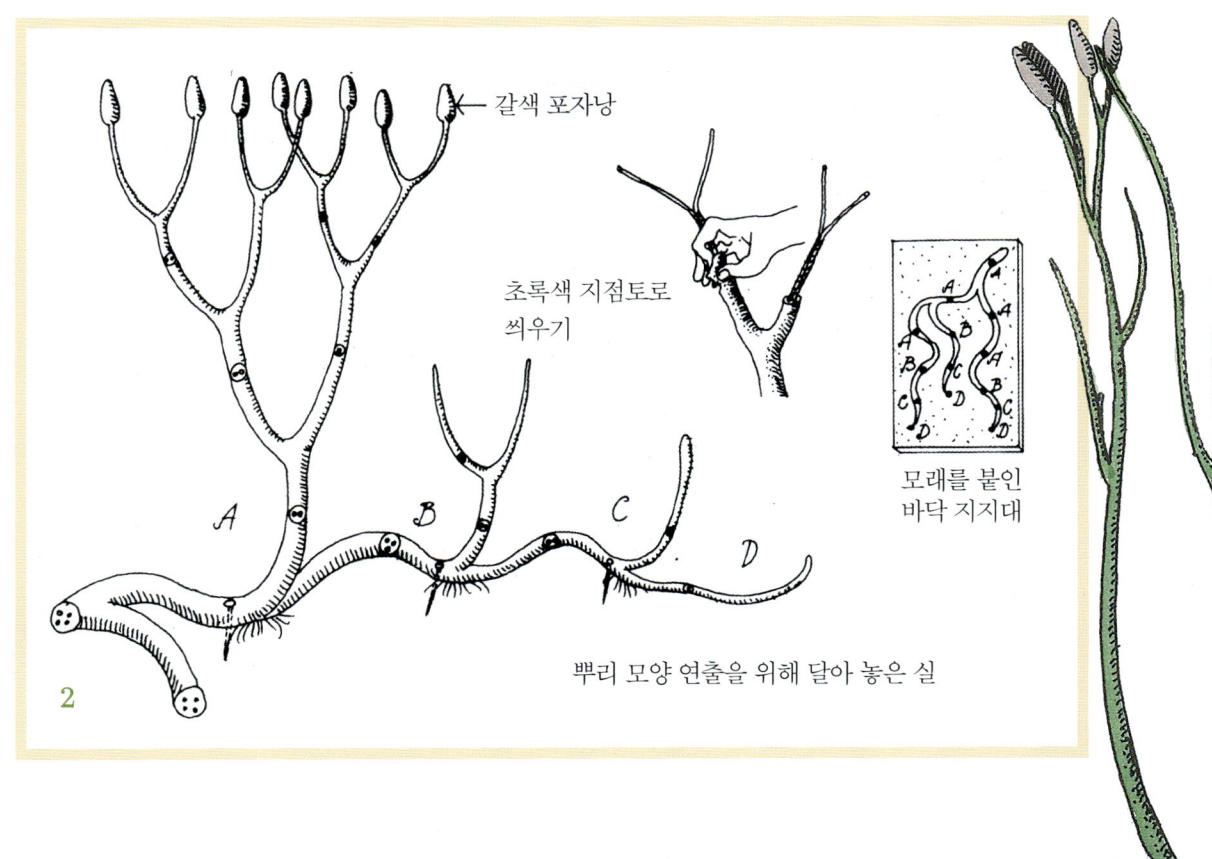

아글라오파이톤

4부

현생의 먼 친척 식물들
식물 종은 어떻게 생겨났을까?

다람쥐꼬리와 부처손
그림 93쪽

여러분이 여름에 사진 촬영을 하러 사파리에 간다면 '다람쥐꼬리(*Lycopodium*) 식물을 찾아서'라는 단체 촬영 프로그램을 떠나라고 추천하고 싶어요. 다람쥐꼬리를 구분해내서 멋진 사진을 찍는 사람에게 상을 줄지도 모르지요.

숲과 들판을 돌아다니면서 유심히 살펴보면 다람쥐꼬리를 찾는 게 그리 어렵지는 않을 거예요. 꼿꼿하게 서 있어도 키가 약 20센티미터밖에 되지 않는 작은 식물이지만 구불구불한 줄기가 땅 위에 펼쳐져 있고, Y자 모양으로 나뉜 수많은 가지에 입맥이 하나밖에 없는 가느다란 잎이 잔뜩 달린 식물만 찾으면 되니까요. 줄기 가운데 일부는 통통한 고깔 모양 조직과 연결돼 있어요. 이 고깔을 눌러 보면 손에 고운 가루가 묻어날 거예요. 이 가루는 다람쥐꼬리가 대량으로 생산한 포자입니다. 포자의 양이 하도 많아서 어떤 사람이 이 많은 포자를 어디에 사용할 수 있는지 찾아보다가 불이 붙으면 환한 불빛이 나온다는 특성을 알아냈어요. 그렇게 해서 최초의 플래시(flash)와 최초의 실험용 광복사기에 '다람쥐꼬리 포자'가 사용됐지요. 마술사나 피에로, 불 먹는 묘기를 부리는 사람들도 공연에서 이 포자를 사용했는데(지금도 사용해요.) 자칫 잘못하면 코와 혀를 홀랑 데일 수 있기에 비전문가는 사용을 금지하고 있습니다.

우리와 함께 살고 있는 부처손(*Selaginella*)은 바위와 절벽, 고산 목초지를 좋아하고 다람쥐꼬리와 무척 닮았어요. 부처손 가운데에서도 가장 유명한 것은 텍사스와 멕시코, 중앙아메리카 등 사막 지역에 사는 '부활초(Resurrection plant)'인데, 이 종은 오랜 시간에 걸쳐서 스스로를 건조시키고 가지를 둥글게 구부린 모습이 마치 갈색 실뭉치 같아요. 이렇게 뭉쳐 있다가 물과 닿으면 뭉쳐 있던 가지들이 펴지면서 다시 생기 있는 푸른색으로 돌아오지요.

현존하는 다람쥐꼬리와 부처손 가운데 몇 가지는 희귀해서 보호하고 있으니까 여러분도 의심이 가는 풀을 보면 뿌리째 뽑지 마세요. 그런 식물을 갖고 싶다면 꽃가게에 가서 부활초를 구입하세요. 부활초는 생명력이 강한 식물이에요. 방학 기간 동안 교실에 남겨 둬도 개학 첫날 물만 주면 금방 되살아납니다.

쇠뜨기류

그림 95~96쪽

쇠뜨기(그림 1)는 보통 습한 장소와 숲 속 그늘을 좋아하기 때문에 연못과 늪이 이어진 강변의 풀숲에 가면 어렵지 않게 찾아볼 수 있어요. 간혹 도시 근처의 철로에 자갈이 깔린 경사지처럼 험한 곳에 살면서 척박한 환경에 적응하는 경우도 있어요. 봄에 기차를 타고 가다가 창밖을 내다보면 말꼬리 털과 비슷한 부드러운 초록색 가지들이 줄기를 여러 겹 둥글게 감싸고 있어서 금방 찾을 수 있을 거예요.

칼라미테스(*Calamites*)(55쪽 참고)와 가까운 친척인 쇠뜨기는 완전한 초본식물이지만 크기에서 차이가 나요. 예를 들어 흔히 볼 수 있는 쇠뜨기(*Equisetum telmateja*)는 최대 2미터까지 자라고 열대지역의 거대 쇠뜨기(*Equisetum giganteum*)는 무려 10미터까지 자라기도 해요. 외형은 기공이 뚫린 줄기나 원형 가지, 띠 형태의 돌기가 달린 포자 등 고대 칼라미테스와 무척 비슷하게 생겼어요. 인간보다 훨씬 먼저 지구에 출현한 쇠뜨기 가운데 경작지나 도랑 근처에 살면서 인간과의 동거에 적응한 종도 있어요. 우리 인간은 무엇이든 활용할 방법을 찾잖아요? 길을 걷다가 발밑에 보이는 쇠뜨기를 발견한 인간은 가정에서 쓸모를 찾았어요. 심지어 치료용으로도 사용하기 시작했습니다(어린 쇠뜨기는 상당히 뻣뻣해서 식용으로는 사용하지 않았어요).

쇠뜨기의 특징은 일반적으로 암석에 많이 포함되어 있는 성분인 규석이 무척 풍부하다는 거예요. 그래서 쇠뜨기를 건조시켜서 표면이 거친 냄비 닦는 수세미로 사용할 수 있었지요. 하지만 요즘처럼 코팅 프라이팬이나 광택이 있는 스테인리스 냄비를 닦기에는 적당하지 않아요. 규석이 그릇에 영원히 지워지지 않는 상처를 남기니까요. 쇠뜨기는 다양한 질병을 치료하는 데도 꽤 도움이 돼서 식물 성분을 이용한 상비약들에 많이 포함되어 있습니다.

쇠뜨기류

쇠뜨기류

쇠뜨기류

고사리

그림 98~99쪽

식물학자들이 '고사리'라고 부르는 식물은 무척 많아요. 수생 고사리를 포함해 세계 곳곳에서 거의 모든 조건의 환경에 퍼져 있는 종만 해도 족히 12,500종이에요. 숲이나 습지, 오래된 성벽, 절벽, 바위, 심지어 동굴 입구와 같은 곳에서 고사리류 식물이 눈에 띄지 않는다면 오히려 이상할 정도예요.

고사리에 대해 잘 알고 싶다면 여러분의 집에 장식용 고사리를 두는 것부터 시작해 보세요. 그리고 길을 가다가 고사리인 것 같은 가지를 발견하면 사진을 한 장 찍어 와서 인터넷에서 검색해 보세요. 관상용 고사리의 정확한 이름을 알 수 있을 거예요.

프테리디움 아퀼리눔

고사리

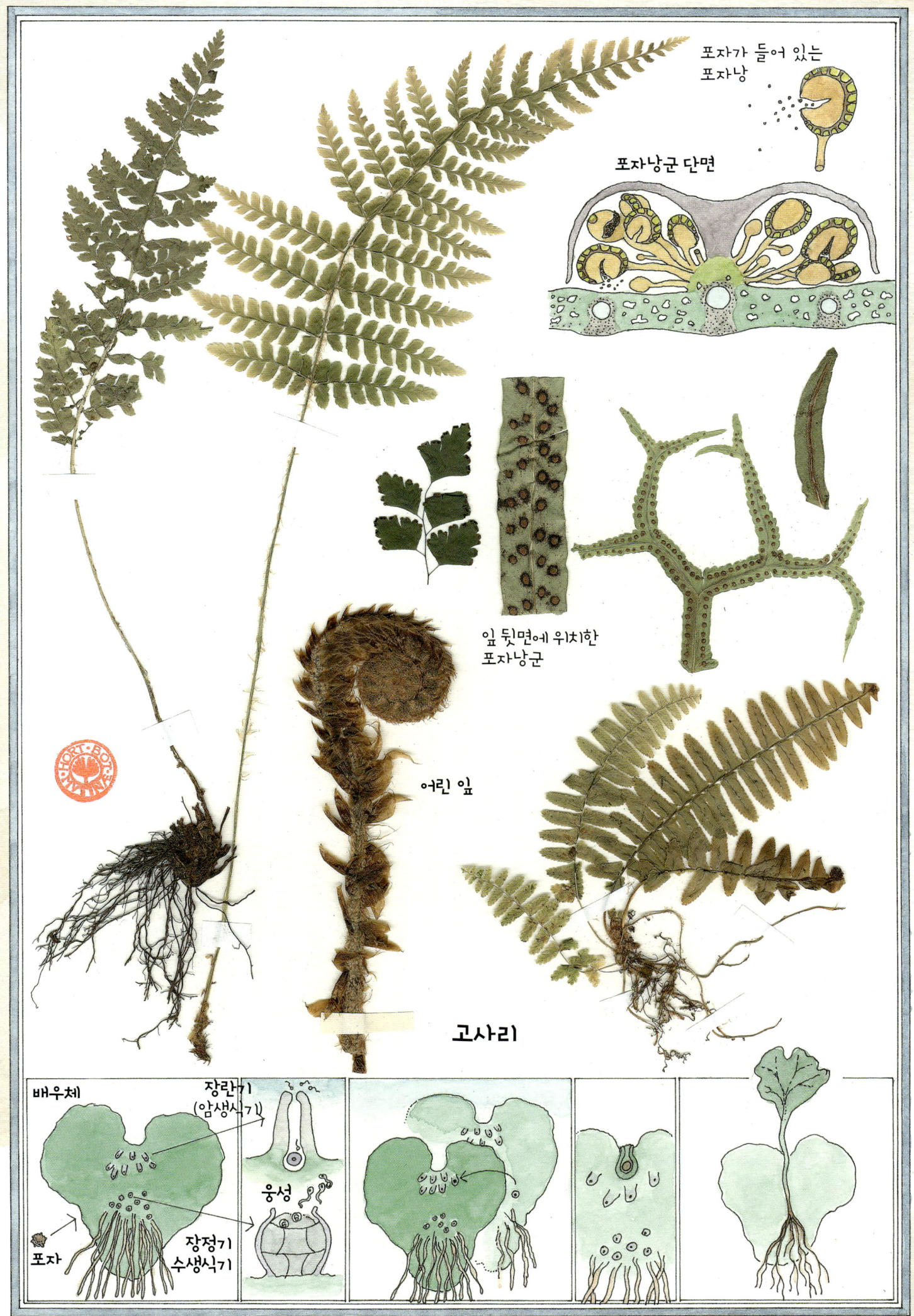

소철

그림 101쪽

야자수와 혼동하기 쉬운 소철의 잎은 크고 뻣뻣한 수많은 작은 잎들이 깃털 모양으로 빽빽하게 줄을 지어 있어요. 거대한 새의 깃털을 보는 듯하지요.

야자수는 관상용이든 기후가 아주 온화한 이탈리아 지역에서 서식하는 '난쟁이 야자'든 손바닥 모양, 혹은 선풍기 날개 모양으로 펼쳐져 있어요. 그렇다고 모든 야자수가 손바닥 모양인 것은 아니에요. 이탈리아에서 재배하는 야자수 가운데 잎이 깃털 모양인 것이 있어요(예를 들면 대추야자나무에 속하는 피닉스).

잎을 관찰한다고 해서 식물에 대해 다 알게 되는 것은 아니에요. 그래도 식물의 세계와 친숙해지려면 잎의 생김새를 관찰하는 일부터 시작하는 것이 가장 좋아요.

진화된 소철의 잎

은행나무

그림 103쪽

은행나무의 잎은 어떻게 생겼다고 설명하면 좋을까요? 일단 귀엽게 생겼고, 같은 나무에서 딴 잎이라도 조금씩 다른 모양을 하고 있지요. 어떤 것은 테두리가 삐뚤삐뚤하고 어떤 것은 매끈하지만, 거의 좌우로 대칭을 이루고 있어요.

은행나무는 중국과 우리나라뿐 아니라 19세기 말 아르누보(새로운 예술을 뜻함)가 크게 유행할 무렵, 유럽에서도 수많은 예술가의 사랑을 독차지했어요.

다양한 모양의 은행나무 잎들

은행나무

고생대에 나타난 옛 식물의 진화

장진성(서울대학교 산림과학부 교수)

　고생대 데본기 시기의 지구에는 이끼나 선태류가 자라는 습지대 초지에서 높이 9미터가 넘는 초대형 고사리들이 나타나기 시작합니다. 당시 목본성은 다람쥐꼬리류, 원시 겉씨식물과 쇠뜨기류 등이 대부분을 차지했습니다(그림 1). 당시 대부분의 식물은 종자를 만들기보다는 포자를 통해 자손을 이어가는 방식이었습니다.

　진화의 과정(그림 2)은 지구상의 관다발 식물 가운데 가장 원시 형태인 라이니어형이 고생대 초기에 나타나고, 그 다음은 솔잎란형이 나타납니다. 솔잎란형이 진화한 이후 원시 겉씨식물 형태가 나타납니다. 이 가운데 고사리는 독립적으로 진화한 반면, 원시 겉씨식물형에서 종자고사리와 다른 겉씨식물로 진화하는 과정이 고생대 후기 화석에서 확인이 됩니다.

　고생대에는 이런 고사류가 대부분을 차지하지만, 한편에서는 지금의 겉씨식물이면서 종자식물이 습한 지역에서 자라면서 점점 저지대 건조한 지역으로 퍼져 중생대에 와서는 매우 많은 나무들이 자라게 됩니다. 종자고사리도 이런 겉씨식물과 비슷한 시기인 고생대 데본기에 등장하지만 중생대를 거쳐 중생대 말이나 신생대 초기에 멸종하게 됩니다. 지금은 이 종자고사리는 겉씨식물이나 고사리와는 전혀 다른 진화 분류군으로 봅니다.

　고생대의 데본기는 약 4억년 전이지만 초기에는 포자를 생산하는 관다발식물이 폭발적인 증가를 보이다가 후반기에는 종자를 생산하는 관다발식물이 나타나기 시작한 시기입니다. 육지 식물의 이런 급격한 증가 때문에 '데본기 폭발'이라는 표현도 있습니다.(그림 3)

고생대에는 지구상에 크게 4종류의 원시 고사리들이 있었는데 그 유형은 솔잎란류, 다람쥐꼬리류, 쇠뜨기류, 고사리류로 구분할 수 있습니다.

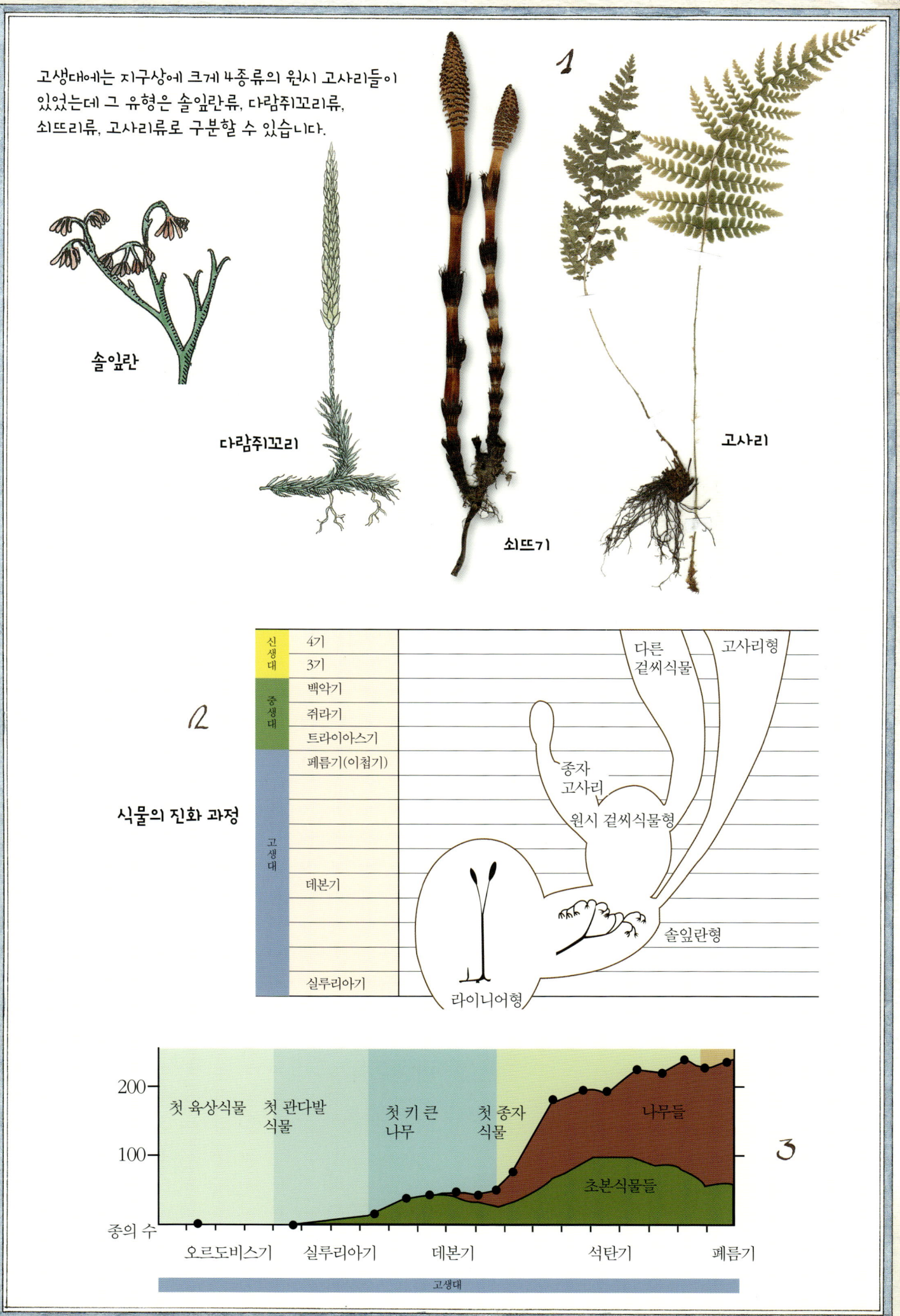

고생대에 나타난 옛 식물의 진화

5부

지질시대 연대기
동물과 식물의 생성과 진화

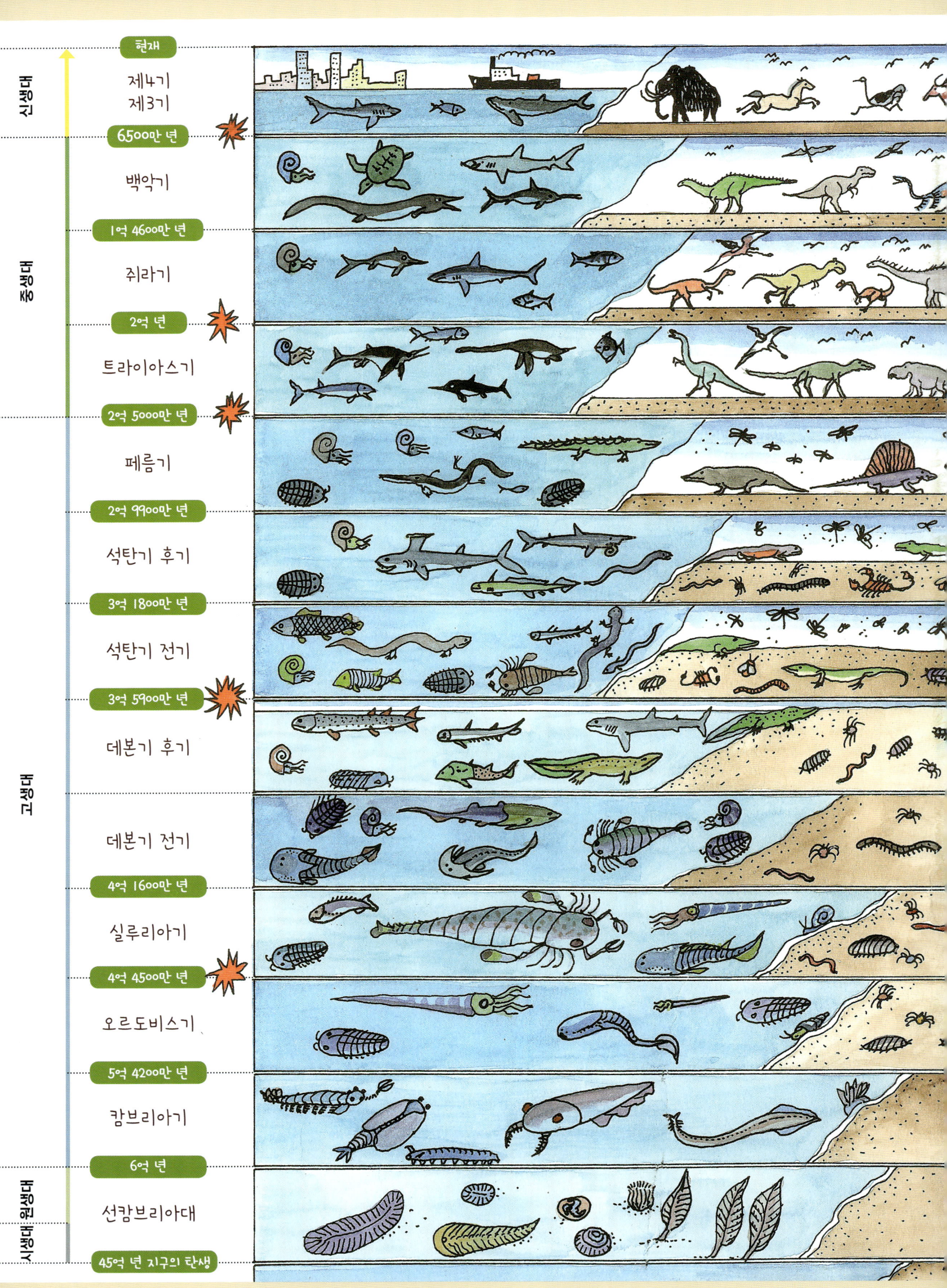

참고 문헌

| 어린이를 위한 참고 문헌 |

- 《곤충이 거대하고 식물이 이상하게 생기고 네 발 동물들이 땅에서 사냥을 하던 시대(Quando gli insetti erano grandi, le piante erano strane e i tetrapodi cacciavano sulla terra)》Bonner H, 내셔널 지오그래픽, 2007

- 《물고기에 다리가 달리고 상어에게 이빨이 생기고 곤충들이 번성하던 시대(Quando I pesci avevano i piedi, gli squali avevano i denti e gli insetti iniziarono a moltiplicarsi)》Bonner H, 내셔널 지오그래픽, 2007

| 전 세대 독자를 위한 참고 문헌 |

- 《선사 시대의 세계 지도(Atlante del mondo preistorico)》팔머 D.(Palmer D.), 아르놀도 몬다도리출판사, 2000

- 《공룡 시대 이전의 지구(La terre avant les dinosaure)》스테이어 S.(Steyer S.), 벨렝출판사, 2009

| 관련 분야 종사자와 조금 더 깊이 알고자하는 독자들을 위한 참고 문헌 |

- 《뉴펀들랜드의 펜실베이니아 중부에서 코르다이탈레스 거목의 형태학, 해부학 및 고원지대 생태학 연구. 고식물학, 화분화석학 리뷰 135(Morphology, anatomy, and upland ecology of large cordaitalean trees from the Middle Pennsylvanian of Newfoundland. Review of Palaeobotany and Palynology 135)》223~243쪽. 팔콘-랑가 H.J(Falconl-Langa H.J.), 배시포스 A.R.(Bashforth A.R.), 2005

- 《백악기 속씨식물의 꽃: 재생 식물의 혁신과 진화. 고지질학, 고기후학, 고생태학(Cretaceous angiosperm flowers: Innovation and evolution in plant reproduction. Palaeogeography, Palaeoclimatology, Palaeoecology 232)》251~293쪽, 프리스 E.M.(Friis E.M.), 라운스가아드 페데르센 K.(Raunsgaard Pedersen K.), 크래인 P.R.(Crane P.R.), 2006

- 《지질학적 시간의 척도(A Geological Time Scale)》그래드스테인 F.M.(Gradstein F.M.), 오그 J.G.(Ogg J.G.), 스미스 A.G.(Smith A.G.) 외. 캠브리지 대학 출판부, 2004

- 《고생대화석 프로토텍시티스가 둥글게 말린 우산이끼 융단에 의해 형성되었다는 구조적, 생리적, 안정성 있는 탄소 동위 원소적 증거(Structural, physiological, and stable carbon isotopic evidence that the enigmatic Paleozoic fossil Prototaxites formed from rolled liverwort mats.)》268~275쪽. 그레이엄 L.E.(Graham L.E.), 쿡 M.E.(Cook M.E.), 한슨 D.T.(Hanson D.T.), 피그 K.B.(Pigg K.B), 그레이엄 J.M.(Graham J.M.), 아메리카 식물학 저널(American Journal of Botany), 97 (2), 2010

- 《체계적 식물학, 계통발생학적 접근(2쇄) Botanica Sistematica: un approccio filogenetico(Seconda Edizione)》주드 W.S.(Judd W.S.), 캠벨 C.S.(Campbell C.S.), 켈로그 E.A.(Kellog E.A.), 스티븐스 P.F.(Stevens P.F.), 도노휴 M.J.(Donoghue M.J.) 피친 출판사(Piccin), 2007

- 《고생대 징코피트의 나뭇잎 씨앗-베어링 구조와 징코알레스의 초기 진화(Foliar Seed-Bearing Organs of Paleozoic Ginkgophytes and the Early Evolution of the Ginkgoales)》고생물학 저널(Paleontological Journal), 41 (8), 815~859쪽, 노고르니케 S.V.(Naugolnykh S.V.), 2007

- 《간결한 지질학적 시간의 척도(The Concise Geologic Time Scale) 오그 J.G.(Ogg J.G.), 오그 G.(Ogg G.), 그래드스테인 F.M.(Gradstein F.M.)》국제 층서학 위원회(International Commission on Stratigraphy), 2008

- 《고식물학, 생물학과 화석 식물의 진화(Paleobotany: the Biology and Evolution of Fossil Plants(2편). 테일러 T.N.(Taylor T.N.), 테일러 E.L.(Taylor E.L.), 크링스 M.(Krings M.)》아카데믹 출판부(Academic Press), 2009

- 《식물의 진화(The evolution of plants)》윌리스 K.J.(Willis K.J.), 맥엘웨인 J.C.(McElwain J.C.), 옥스퍼드 대학 출판부(Oxford University Press), 2002

시간의 섬
식물의 조상을 찾아서

처음 펴낸 날 | 2016년 10월 5일
개정판 펴낸 날 | 2024년 6월 5일

글 | 마르타 반디니 마찬티, 조반나 보시
그림 | 리카르도 메를로
옮김 | 김현주
고식물학 자문 | 파올로 세르벤티
감수·자문 | 장진성

펴낸이 | 김태진
펴낸곳 | 도서출판 다섯수레
등록일자 | 1988년 10월 13일
등록번호 | 제 3-213호
주소 | 서울특별시 마포구 동교로15길 6 (우 04003)
전화 | 02) 3142-6611
팩스 | 02) 3142-6615

편집 | 김경회, 조주영
디자인 | 이영아
마케팅 | 이운섭
제작·관리 | 김남희

ⓒ 다섯수레, 2024

ISBN 978-89-7478-478-2 73480